民航安检概论

顾正钟　主编

中国民航出版社有限公司

图书在版编目（CIP）数据

民航安检概论 / 顾正钟主编. —北京：中国民航出版社，2016.12（2025.2 重印）
ISBN 978-7-5128-0427-2

Ⅰ. ①民… Ⅱ. ①顾… Ⅲ. 民用航空 - 安全检查 Ⅳ. ① F560.81

中国版本图书馆 CIP 数据核字（2017）第 004945 号

民航安检概论

顾正钟　主编

责任编辑	李婷婷　罗仁君
出　　版	中国民航出版社有限公司（010）64279457
地　　址	北京市朝阳区十里河桥东中国民航报社二层（100122）
排　　版	中国民航出版社有限公司录排室
印　　刷	北京金吉士印刷有限责任公司
发　　行	中国民航出版社有限公司（010）64297307　64290477
开　　本	787×1092　1/16
印　　张	9.25
字　　数	152 千字
版 印 次	2017 年 1 月第 1 版　2025 年 2 月第 9 次印刷
书　　号	ISBN 978-7-5128-0427-2
定　　价	22.00 元

官方微博　http://weibo.com/phcaac
淘宝网店　https://shop142257812.taobao.com
电子邮箱　phcaac@163.com

总 序

全国民航职业院校安检专业"十三五"规划教材是由中国民航出版社组织策划、上海民航职业技术学院主持编写的中高职系列教材。上海民航职业技术学院（前身为民航上海中专学校）创立安检专业至今已有20余年，为全国各机场、航空公司培养了1800多名安检中专毕业生和1000余名高职毕业生，并对各机场300余名安检员工及500余名安检干部进行在职培训，同时积极为世博会安检及铁路轨道交通安检和场馆安检培训人才，现已成为我国安检战线上重要的育人基地，取得了较好的社会效益和经济效益。这套教材凝聚了上海民航职业技术学院安检专业教师20余年的教学实践经验，内容丰富，材料详尽。编写一套具有专业性、适用性、全面性的安检专业教材，是培养优秀安检人才的基础性工程，既是"十三五"国家规划关于航空安全形势的需要，也是民航发展对安检岗位人才培养的需要。这套教材可供我国民航职业院校安检专业教学使用，也可供机场、航空公司及交通运输行业的安检管理干部、安检员工的业务培训或自学。

本系列教材以国际民航组织相关国际公约及我国关于航空安全检查的法律法规和民航局有关文件规定为依据，遵循"必需、够用"、理论联系实际的原则，针对市场经济及互联网、大数据对安全检查的新要求，从安检专业人才培养的实际需求出发，总结历史和现实的经验，吸取国内外关于航空安全检查的研究成果，参考民航安全检查员职业技能鉴定规范以及机场安检员工培训的有关教材和资料编写而成。在内容上力求全面、系统地阐述安检理论知识和操作技能，既突出基本技能的培养、基础知识的应用，又注重教材的深度和广度，紧密联系岗位实际，突出重点，简明通俗，努力做到科学性、适用性和相对稳定性的统一。这套教材为规范和提高安检人员的安全服务意识和业务技能水平提供了可靠的理论依据。

本系列教材由《民航安检概论》《民航安检法规》《安检违禁物品》《民

航安检英语》《旅客异常行为识别》等教材组成，每本教材均以安检各岗位的工作流程为载体，以提升安检员工的整体素质为目标，以操作技能训练为重点，各章节都设计了案例精选、课外练习板块，配置了一定数量的图表、照片，图文并茂，引文力求深入浅出。

  本系列教材是在民航局的关心指导下，由中国民航出版社组织策划，由上海民航职业技术学院、中国民航管理干部学院、浦东国际机场安检护卫分公司、上海航空服务学校等院校和民航单位共同参与完成，在此深表感谢！

  由于时间紧迫、编者水平有限，书中难免有疏漏或不妥之处，敬请批评指正。

编　者
2016 年 12 月

前　言

当前我国民航业正处于跨越式发展阶段，对民航空防安全和安全管理水平提出了新的挑战，民航发展与安全需要的矛盾日益突出，需要大批合格的安检人才。注重内涵建设，提升安检人才质量是我们必然的选择。由于目前安检人员流动性大，岗位培训任务重，开办安检专业的院校众多，急需一本概要介绍安检工作全貌的专业性教材。另外，随着科学技术的迅猛发展，民航安检新理论、新科技不断涌现，也需要一本反映安检科技发展水平的教材。因此，在民航局公安局和部分安检机构的支持、帮助下，我们编写了《民航安检概论》。

《民航安检概论》主要分为三个部分，第一部分为总论，阐述了空防安全的内容和措施，恐怖主义对民航安全的危害以及民航安检的概况，强调了学员空防安全意识的培养和形成。第二部分为安全检查，按照安检工作的内容和部门划分，从旅客检查，行李检查，货物检查，门禁管理，围界、道口与机坪管理等五个方面进行深入分析，并重点阐述了安检现场的新科技、新方法，如安检信息系统、门禁系统、"物联网"围界管理系统，航空器区域监护。第三部分为安检管理，从现场管理和人员管理两方面入手，着重介绍了 SMS 体系管理、安检信息化管理。

为强化学习成果，提供教学便利，本教材编写组精心制作了电子教案，确有需要的读者请与中国民航出版社联系获取。

本教材在编写过程中，得到了民航局公安局警官培训中心王立军主任的大力支持，原浦东国际机场安检护卫分公司副总经理吴连华和原上海民航职业技术学院安检教研室主任沈福荣老师从教材提纲的拟定到稿件的修改，全程参与。季玲玲、艾治余两位老师承担了教材的审稿工作，上海航空服务学校对教材编写给予了大量帮助，在此一并表示感谢。

由于水平有限，时间匆忙，教材的内容还有很多不够完善之处，质量还有待提高，敬请批评指正。

顾正钟

2016 年 12 月

目 录

总　序
前　言

总　论

第一章　空防安全 ……………………………………………………………… 3
第一节　空防安全的定义、内容 ………………………………………… 3
第二节　对民用航空安全的非法干扰 …………………………………… 6
第三节　国际劫、炸机事件简况 ………………………………………… 13
第四节　国内劫、炸机事件简况 ………………………………………… 17
第五节　国内外反劫、炸机的主要措施 ………………………………… 20
第六节　空防安全的风险管理 …………………………………………… 23

第二章　恐怖主义 ……………………………………………………………… 27
第一节　国际恐怖主义的来源、概念和特点 …………………………… 27
第二节　国际恐怖主义活动对民航安全的危害 ………………………… 31
第三节　我国的反恐现状 ………………………………………………… 37

第三章　安全检查概述 ………………………………………………………… 40
第一节　民航安全检查的概念和性质 …………………………………… 40
第二节　民航安全检查的法律特征及特点 ……………………………… 43
第三节　民航安全检查的产生和发展 …………………………………… 47
第四节　安检机构的职能和权限 ………………………………………… 52

安全检查

第四章　旅客与手提行李安全检查 …………………………… 59
第一节　旅客与手提行李安全检查的基本要求 ……………… 59
第二节　旅客与手提行李安全检查各岗位职责及安检程序 … 62
第三节　特殊旅客和物品的安全检查 ………………………… 68

第五章　托运行李安全检查 …………………………………… 72
第一节　托运行李安全检查的职责 …………………………… 72
第二节　托运行李安全检查的程序 …………………………… 73
第三节　特殊行李的安全检查 ………………………………… 74

第六章　货物、邮件的安全检查 ……………………………… 79
第一节　货物、邮件安全检查的职责 ………………………… 79
第二节　货物、邮件安全检查的内容和程序 ………………… 80
第三节　特殊货物、邮件的安全保卫措施 …………………… 82

第七章　隔离区监控与门禁管理 ……………………………… 85
第一节　机场安全保卫区域的划分及安全保卫措施 ………… 85
第二节　隔离区监控 …………………………………………… 89
第三节　门禁管理 ……………………………………………… 91

第八章　围界、道口与机坪管理 ……………………………… 93
第一节　围界管理 ……………………………………………… 93
第二节　机坪道口安全管理 …………………………………… 95
第三节　机坪管理 ……………………………………………… 97
第四节　民用航空器监护工作 ………………………………… 98

安检管理

第九章　安检现场管理 ··· 107
　　第一节　安检工作的管理与组织 ································· 107
　　第二节　SeMS 体系管理 ·· 110
　　第三节　安检信息化管理 ·· 116

第十章　安检机构人力资源管理 ································· 122
　　第一节　安检机构人力资源管理概述 ···························· 122
　　第二节　安检人员的制度管理 ······································ 123
　　第三节　安检人员的队伍建设 ······································ 128

参考文献 ·· 137

总 论

第一章 空防安全

> **学习目的**
>
> 掌握空防安全的定义、内容，明确对民用航空安全非法干扰的方式，了解国内外劫、炸机概况，掌握国内外反劫、炸机的主要措施。

第一节 空防安全的定义、内容

一、空防安全的定义

空防安全，港澳台地区称之为航空保安，来源于英语词组"aviation security"，它所涉及的是与民用航空安全相关的人的主观因素。主要是某些人为了政治、经济或其他的组织或个人目的，人为非法扰乱民用航空秩序、破坏航空设施、危害民用航空安全的问题。

对于空防安全的概念，各方面有不同的提法。1989年编印的《简明公安词典》中对空防安全的定义是：空防即航空安全保卫，是为保障航空安全，防范和制止劫机、破坏航空器以及其他危害航空安全的犯罪，在地面和飞行中及航空器内布置安全保卫工作，确保航空运输安全的总称。

民航专业研究者们认为，空防安全是指有效地防止人为非法干扰航空器的行为，保证航空器及所载人员生命财产的安全，保持航空器内良好的秩序，使航空器的合法机长依照正常航线顺利完成飞行运输任务。

根据以上的各种表述，我们将空防安全的定义要点归纳为：防止对民用航空及设施的非法干扰。

二、空防安全的内容

民航体系中涉及空防安全的方面包括：

1. 航空客货运输销售市场

这是航空运输的第一道环节，也是空防安全的源头，对客运来说就是机票的销售。在航空客货运输销售市场这一环节中的空防安全，关键是掌握乘机人和托运人的真实身份，从源头上防止恐怖组织、恐怖分子利用假名或冒名对航空器实施破坏活动。

2. 航空客货运输离港业务办理

这是航空运输的第二道环节，也是空防安全的重要一环。对客运来说就是办理值机手续，这一环节中的空防安全，关键是核对乘机人的身份、交运行李的安全检查及行李传送带的安全管理，防止恐怖组织、恐怖分子利用藏有爆炸物的行李实施对航空器的破坏活动。对货运来说就是办理收运手续，这一环节中的空防安全，关键是核对托运人的身份、货物的品名，防止收运违禁品和品名不一的物品。

3. 机场控制区安全管理

机场控制区是指根据安全保卫的需要，在机场内划定的进出受到限制的区域。机场控制区应当有严密的安全保卫措施，实行封闭式分区管理。

机场控制区一般包括候机隔离区、行李分拣装卸区、航空器活动区和维修区、货物存放区等区域，并分别设置安全防护设施和明显标志。

这些区域的控制是机场地面空防安全的一道重要防线，主要防止未经许可的人员、车辆非法入侵。

4. 航空客货运安全检查

客运安全检查是指民用航空安全检查部门，依照有关法律、法规对乘机人员的人身及其交运、随身携带的行李和许可进入隔离区的人员、物品，实行仪器检测或开包检查。货运安全检查是指民用航空安全检查部门，依照有关法律、法规对收运后24小时内装机运输的货物，实行开箱或仪器检测检查。客货运安全检查是空防安全的关键环节，主要是防止危及航空安全的危险品、违禁品进入民用航空器。

5. 航空器安全监护

航空器安全监护是指相关单位，对使用中的航空器的不同使用阶段，承担相应的安全监护职能。一是停场监护，一般由航空公司或驻场武警负责，主要是防止无关人员接近停场过夜的航空器；二是维修监护，由机务维修人员负责，主要防止无关人员登上正在做航前准备以及航后维护的航空器；三是航班监护，由机场安检机构负责，主要是防止未经安全检查和许可的人员、未经安全检查和确认的行李物品混入航空器。航空器安全监护是空防安全在地面的最后一道防线。

目前，随着科技进步和管理理念的更新发展，国内一些先进机场正在推行区域化航空器安全监护工作，相信不久以后将在全国全面推广。（区域化航空器安全监护的内容将在第八章作详细介绍。）

6. 空中安全防范

空中安全防范是指航空器在飞行途中所采取的空防措施。为了切实加强空中的安全保卫工作，民航局专门组建成立了空中警察和安全员队伍，依法从事飞行中民用航空器的安全保卫任务，其主要职能是防范和处置各类非法干扰航空器的行为。

三、空防安全的现状

随着民航业的跨越式发展，中国民航也面临着严峻的安全考验，扰乱民航安全秩序的事件数量持续上升。近年来，中国民航各机场安检人员多次查出旅客隐匿刀具及其他大量违禁品；还有个别人别有用心，拨打匿名电话，编造、散布恐怖消息，扰乱人心；在安检中，个别自恃身份特殊的旅客拒绝严格安检，大闹机场，围攻、殴打安检员的事件时有发生；在飞行中使用手机、违禁吸烟的现象有增无减。

因此，首先必须把空防安全放在国家安全、国家反恐和民航安全发展大局的战略高度来认真谋划，扎实做好各项安全保卫工作。其次，我们应准确把握形势、认清工作短板，做好风险预警和防控，切实做好应对各种风险的充分准备。第三是明确责任、找准定位，加强安全责任体系建设，提升维护民航空防安全的能力和水平。从统筹权责的角度出发，认真落实空防安全责任，形成地方和行业齐抓共管空防安全的合力；从统筹体系建设与机制建设角度出发，加强民航反恐工作责任体系、防范体系、应急体系的建设，切实落实民航反恐工作责任；从统筹体制改革与机构改革角度出发，进一步强化机场公安工作职能，认真开展好辖区机场安全和空防安全管理工作。

第二节　对民用航空安全的非法干扰

根据《国际民用航空公约》附件17的规定，非法干扰行为（Acts of Unlawful Interference）指危及民用航空和航空运输安全的实际或预谋行为。例如，非法劫持飞行中的航空器，非法劫持地面上的航空器，在航空器或机场内扣留人质，强行闯入航空器、机场或航空设施场所，企图犯罪而将武器或危险装置或器材带入航空器或机场，传递危及飞行中或地面上的航空器、机场或民航设施场所中的旅客、机组、地面人员或公共安全的虚假信息。

第二次世界大战后，随着民用航空事业的蓬勃发展，国内外针对民航运输业的非法干扰活动也不断增加。1971年的《蒙特利尔公约》规定危害民用航空安全的非法行为包括下列五种行为：

（1）对飞行中的航空器内的人从事暴力行为，如该行为将会危及该航空器的安全；

（2）破坏使用中的航空器或对该航空器造成损坏，使其不能飞行或将会危及其飞行安全；

（3）用任何方法在使用中的航空器内放置或使别人放置一种将会破坏该航空器或对其造成损坏使其不能飞行或对其造成损坏而将会危及其飞行安全的装置或物质；

（4）破坏或损坏航行设备或妨碍其工作，如任何此种行为将会危及飞行中航空器的安全；

（5）传送他明知是虚假的情报，从而危及飞行中的航空器的安全。

2010年，国际民航组织在北京签署了《北京公约》。针对日益发展的新型犯罪，例如将航空器用作武器或者实施化学、生物和放射性攻击等新的和正在出现的威胁以及在航空器上或机场实际施行应处罚行为，《北京公约》将此类行为纳入了危害民用航空安全的非法行为。

结合中国国情和历史的延续性，国内将危害民用航空安全的主要方式归纳为劫持航空器、破坏航空器、破坏机场、在机场内制造恐怖活动和其他手段的非法干扰等五种。

一、劫持航空器

1. 劫持航空器的概念

劫持航空器是指以暴力、胁迫或者其他方法劫持飞行中的航空器、危害旅客和航空器安全的犯罪行为。

那么，为什么说劫持航空器的行为一定是犯罪行为呢？

《海牙公约》第一条规定："凡在飞行中的航空器内的任何人，用暴力或暴力威胁，或用任何其他胁迫方式，非法劫持或控制该航空器，或任何此类未遂行为，或者是实施此类行为或任何此类未遂行为的人的共犯，即构成犯罪。"

《全国人民代表大会常务委员会关于惩治劫持航空器犯罪分子的决定》：

为了惩治劫持航空器犯罪分子，维护旅客和航空器的安全，特作如下决定：以暴力、胁迫或者其他方法劫持航空器的，处十年以上有期徒刑或者无期徒刑；致人重伤、死亡或者航空器遭受严重破坏或情节特别严重的，处死刑；情节较轻的，处五年以上十年以下有期徒刑。

根据《全国人民代表大会常务委员会关于惩治劫持航空器犯罪分子的决定》，中华人民共和国在1997年修订刑法时将之纳入新刑法的内容，即新刑法第一百二十一条。本条款规定：以暴力、胁迫或者其他方法劫持航空器的，处十年以上有期徒刑或者无期徒刑；致人重伤、死亡或者使航空器遭受严重破坏的，处死刑。

2. 劫持航空器的方式

劫持航空器主要有暴力劫持和威胁劫持两种。

1）暴力劫持

暴力劫机主要是指劫机分子通过各种手段将枪支、弹药和其他危险品带上航空器，直接对驾驶、操作人员实施武力打击或身体强制使其不能反抗而达到劫机目的。

暴力劫机的一起典型案例是1983年1月5日发生的金义兴劫机事件。劫机犯罪嫌疑人金义兴借助飞行员身份，利用在民航内部熟人多、关系广的便利条件，事先将藏匿手枪的橘子筐放在隔离区内逃避安检，后又托机场工作人员将该橘子筐带上飞机，在飞行过程中金义兴随意进出驾驶舱，打死机长，其劫机阴谋险些得逞。

另一起暴力劫机的典型案例是1983年发生的"5·5"劫机事件，卓长仁一伙将枪支藏在仪表中混过了安检关使劫机阴谋得逞。

最近的一起暴力劫机案发生在2012年6月29日，由新疆和田飞往乌鲁木齐的GS7554航班于12:25起飞，12:35飞机上有6名歹徒暴力劫持飞机，歹徒全部为维吾尔族男性，以伪装的拐杖为武器，意图进入驾驶舱，随后被机组人员和旅客制服，飞机随即返航和田机场并安全着陆，6名歹徒被公安机关抓获。

暴力劫持的特点是手段残忍。结果一是劫持得逞；二是人员伤亡、飞机损坏甚至机毁人亡。如"5·5"事件中卓长仁直接使用手枪打伤机组成员后劫机得逞。

2）威胁劫持

威胁劫持有两个含义：一是以暴力相威胁；二是精神胁迫相威胁，使机组人员和旅客不敢反抗以达到劫机的目的。

暴力威胁主要是歹徒身上带有爆炸物或控制人质，如不满足其要求，则以引爆爆炸物或杀死人质相威胁。

1977年6月16日，新疆乌鲁木齐管理局一架里2型B-303号飞机，在执行乌鲁木齐至哈密的航班任务时被劫持。劫机分子张楚云因政治问题被单位审查，他为了达到逃亡境外的目的，携带玩具手枪、体育教练手榴弹、假炸药包以及大扳手、地图等物，购买机票登上民航飞机，待起飞后，实施了劫机行为，被机组成功制止。

2003年2月2日，在北京飞往福州的航班上，劫机分子要求将飞机劫往台湾，遭拒绝后，打开蓝带啤酒罐，将隐藏其中的汽油泼洒在飞机上，纵火燃烧飞机，后被扑灭。该事件称为"2·2劫机事件"。

精神胁迫主要是借助于精神威胁，如以暴露机组人员的严重犯罪事实或个人隐私相威胁，给机组人员精神上制造强大的压力以达到控制、劫持飞机的目的。

3）其他方法

1998年10月28日，中国国际航空公司执行北京—昆明—仰光航班任务的飞机被带队机长袁斌及其妻徐梅以造成机毁人亡相威胁劫持到台湾，影响极恶劣。

二、破坏航空器

1. 破坏航空器的概念

破坏航空器是指用各种手段对航空器进行破坏的一种犯罪行为。

2. 破坏航空器的手段

破坏航空器的主要作案手段是爆炸航空器。而爆炸飞机大体分为三种方式。

1）劫机企图失败后的绝望的自杀性行为

这种爆炸方式一般是由劫机分子直接同机参与。典型案例是发生在1989年4月24日的梁奥真劫机事件。劫机分子梁奥真乘坐运7型B-3482号飞机从宁波飞往厦门，飞行途中劫持了乘务员，要求飞机飞往台湾，被机组人员和旅客制服，梁奥真引爆了绑在腰间的炸药，炸伤2名旅客。

2）定时爆炸

犯罪嫌疑人通过各种手段把定时炸弹藏匿在托运行李中，或事先把定时炸弹放上飞机等，而本人并不乘坐该班飞机，定时爆炸一般都有明显的目的性，有的是为了报复，有的是为了警告，有的是故意制造恐怖活动。

典型案例是发生在1988年12月21日的洛克比空难。

1988年12月21日，美国泛美航空公司的一架波音747客机在苏格兰小镇洛克比上空爆炸坠毁，造成机上259人和地面11人丧生。空难发生后，美英两国情报机构组成的调查组立即对空难展开调查，并最终于1990年秋天认定这次空难系利比亚航空公司驻马耳他办事处经理费希迈和利比亚特工阿卜杜勒·迈格拉希所为，他们将装有计时器的爆炸品放在棕色硬手提箱内，从马耳他鲁卡机场托运至法兰克福，最终在苏格兰上空引爆。

3）爆炸飞机并自杀以骗取保险金

2003年1月24日四川某县彭兴云企图自杀以骗取保险金。2003年1月24日，犯罪嫌疑人彭兴云由于长期生病无钱支付医药费，悲观厌世，携带自制爆炸装置乘坐重庆至成都的B-3043号航班，在飞行途中引爆，造成飞机右侧舷舱被炸裂，所幸携带的黑火药爆炸威力有限，未酿成大祸。

破坏航空器的主要作案手段除了爆炸航空器外，近年还陆续出现使用易燃液体和易燃固体纵火燃烧航空器的严重犯罪事件。典型案例是发生在2002年5月7日的"5·7空难"和2008年3月7日的南航"3·7事件"。

2002年5月7日21时32分，大连周水子机场接到当时在傅家庄上空的北方航空公司由北京飞往大连的CJ6136麦道客机报告，称机舱失火，此后飞机便与机场失去联系。

经调查，因旅客张丕林纵火导致飞机失事，并在大连海域发生空难，机上112人遇难。事后查明，张丕林登机前曾在中国太平洋人寿保险北京分公司等6家保险公司为自己买了7份航空旅客人身意外伤害保险，如果按照正常赔偿其家属可获得约140万元巨额保险金。

2008年3月7日上午10点35分，由乌鲁木齐地窝堡国际机场飞往北京的航班准备起飞。11点10分左右，飞机正常飞行时，一名空姐闻到厕所方向有汽油味，过去查看，发现里面有一名十八九岁的维吾尔族女孩神色惊慌。机组人员迅速将该女孩控制，并从她身上搜出一个装有汽油的易拉罐。飞机随后于12点40分紧急降落在兰州中川机场，机组和旅客无恙。

三、破坏机场

破坏机场是指用各种手段对机场的设施和设备进行破坏的行为。

破坏机场的主要手段有两种，一种是选择目标定时爆炸。由于各国都加强了机场的安全保卫工作，组建专门的机场安全保卫机构，增派警察巡逻、修建围墙、安装监控器、电网等，使恐怖分子在机场内作案增加了一定的难度。于是，他们把目标转向机场附近的建筑物或机场所属的服务设施上，如停车场、售票处、候机厅、值机室、餐厅、商店等。他们通常把爆炸物放在手提包、衣服和其他物品内，在购飞机票或到厕所时故意放在比较隐蔽的尤其是旅客集中的地点，进行定时爆炸；有的则是把炸弹放置在汽车上，制造汽车炸弹。

破坏机场的另一种手段是通过电子仪器，用电波干扰机场的通讯导航系统，破坏机场电脑网络和保障部门，或袭击供电设施，切断供水系统等。

破坏机场的特点是没有固定的目标，范围比较广，防范难度大。

破坏机场的危害是一旦破坏得逞，影响面大，有的会在一定范围内造成人员伤亡，因设施设备被破坏，可能造成机场关闭，使大量航班延误。

四、在机场内制造恐怖活动

在机场内制造恐怖活动是指在机场内以武力杀害旅客和其他人员，袭击飞机或机场设施，造成严重后果和影响的一种犯罪行为。其特点为武装袭击。

1985年12月27日，巴勒斯坦恐怖分子对位于罗马、维也纳的以色列航空公司的结账台同时发动进攻，向度假的旅客们投掷手榴弹和用半自动机枪扫射。14人被当场打死，其中包括4名美国人，110多人受伤。暴行之后，两座航空终点站血尸遍地。4名恐怖分子在与警察和以色列便衣治安人员的枪战中被击毙，其他3人受伤被捕。

2016年6月28日夜间，在土耳其伊斯坦布尔阿塔图尔克国际机场，发生了自杀式爆炸袭击事件。极端组织"伊斯兰国"3名自杀式袭击者乘坐出租车赶到机场，他们先使用枪支射击然后引爆身上炸弹，造成41人死亡，遇难者中包括外籍人士。

五、其他手段的非法干扰

1. 其他手段的非法干扰的定义

这里所说的其他手段是指用匿名电话、匿名信、电子邮件故意传递虚假情报、口头威胁等方式对机场、航空公司进行威胁恐吓，声称或暗示机场、飞机上、航空设施或人员等处在爆炸物的危险之中，或是声称、暗示机场某航班、某公司的飞机处于正在或将被劫持的危险之中等非法干扰行为。

2. 形式

1）匿名电话和信件

匿名电话和信件的情况有三种：一是事件的知情人直接参与了谋划爆炸和劫持；二是针对某个人或某个航空公司的报复行为；三是精神不正常者所为。

2）口头威胁

主要是指旅客在飞机上做出携带爆炸物、爆炸装置的口头或书面表述，但没有实际进一步危害的行为。

对待匿名恐吓、口头威胁，真假难辨，它造成的危害是干扰了航空运输的正常营运，构成对飞机安全的威胁，造成航班延误、飞机停航，甚至疏散旅客和关闭机场，动用大量的人力来核实情况或进行搜查，造成财产上的损失。

依照《中华人民共和国民用航空法》第一百九十六条的规定，故意传递虚假情报，扰乱正常飞行秩序，使公私财产遭受重大损失的，依照刑法第一百五十八条的规定追究刑事责任。

3. 机上暴力

机上暴力主要是指对飞行中的民用航空器上的人员使用暴力的行为。

依照《中华人民共和国民用航空法》第一百九十二条的规定，对飞行中的民用航空器上的人员使用暴力，危及飞行安全，尚未造成严重后果的，依照刑法第一百零五条的规定追究刑事责任；造成严重后果的，依照刑法第一百零六条的规定追究刑事责任。

第三节　国际劫、炸机事件简况

一、国际劫、炸机的几个阶段

1. 国际上第一起劫机事件

国际上第一起劫机事件于1930年2月发生于南美洲的秘鲁。

2. 国际劫、炸机的四个阶段

1947年，一架罗马尼亚航空公司的飞机被劫持到土耳其。此后劫机事件不断发生，从第一起劫机事件发生到1997年止，国际上共发生的劫机事件有763起，劫机得逞474起，占总数的62.1%。从整体上看，国际上劫机事件的发生、发展大体可分以下四个阶段。

第一阶段：1947年至1953年。这一阶段共发生劫机事件22起，平均每年3.2起，得逞21起，得逞率高达95%。

第二阶段：1954年至1967年。这一阶段共发生劫机事件58起，平均每年4.1起，得逞39起，得逞率为68%。

第三阶段：1968年至1972年。这一阶段是国际劫机史上的高潮。五年内共发生劫机事件325起，平均每年65起，得逞201起，占61.8%，其中，1969年就发生87起，平均每4天一起，得逞70起，得逞率高达80.5%，达到了劫机事件的最高峰。

第四阶段：1973年至1997年。这一时期共发生劫机事件357起，平均每年15.5起，其中得逞213起，得逞率59.6%，和过去相比呈下降趋势，得逞率的比例也明显下降。

总体而言，第一阶段的年平均数不多，但得逞率极高；第二阶段年平均数上升，但得逞率下降；第三阶段每年平均数直线上升，得逞率略有下降；第四阶段年平均数下降，得逞率也下降。

二、国际劫、炸机的特点

国际上发生劫机事件的原因很多,主要受政治形势和经济状况的影响,同时与国际局势的变化和各国国内社会状况的变化有着密切的联系。从历史发展的情况看,各个时期犯罪分子劫机的目的、手段、方式不尽相同,其主要特点如下。

1. 劫机的目的多样化

20 世纪 40 年代至 50 年代,一些东欧国家的年轻人因羡慕和追求西方的生活方式,把劫持飞机这一快速交通工具作为外逃的途径。1947 年至 1953 年间发生 22 起劫机事件,其中就有 20 起是由东欧国家被劫往西方国家的,占同时期劫机数的 87%。

随着国际形势的变化,20 世纪 50 年代后期到 60 年代以后,劫机事件的政治性越来越强,劫机成为一种达到某种政治目的而采用的重要手段,劫机事件的数量猛增。劫机的政治性浓厚,对劫机事件处置的难度也就越来越大。政治原因劫机事件,又可分为两类,一类是国际间的相互报复。劫机分子以劫持飞机的方式使对方国家在政治上遭受打击,经济上遭受损失。这种情况具体表现在古巴和美国之间,如 1968 年和 1969 年两年间,发生的 122 起劫机事件中,就有 100 起被劫往古巴。另一类是对本国政治不满而劫机。持不同政见者因遭受打击或为了逃避本国法律制裁而采取劫机行动。这类劫机数量较多,共有 561 起,占政治原因劫机总数 661 起的 85.8%。荷兰 1981 年到 1982 年有 14 架飞机被本国人员劫持外逃;苏联在 1989 年和 1990 年间就发生这类劫机事件 15 起。

20 世纪 70 年代以后,以经济目的劫机的事件不断发生。这类劫机事件多发生在西方国家,尤以美国为甚。1970 年 6 月,一架美国环球航空公司的波音 727 飞机从菲尼克斯起飞后被劫,劫机者提出索要 10 万美元的赎金,开经济目的劫机之先河。1974 年 3 月,一架日本航空公司的飞机被劫,劫机者索要 5500 万美元和两亿日元,创下了经济目的劫机要价的最高纪录。而要价最低的一次劫机发生于 1983 年 1 月的泰国,当时三名劫机者竟为勒索 12000 美元劫持了一架泰航飞机。

20世纪70年代后期，以制造恐怖活动为目的的劫机事件不断发生。这类事件一类由民族、宗教主义组织策划，以报复某个国家或政党；另一类由恐怖集团策划，以制造影响，要挟政府，报复社会。

"9·11"事件属于典型的以恐怖活动为目的的劫机事件，而且比以往的恐怖劫机事件更为恶劣的是，劫持民用航空器作为自杀式袭击平台，造成更多地面人员的伤害和地面建筑的破坏。其影响和造成的破坏程度远大于以往的恐怖劫机事件。

2. 劫机的方式多样化

一是由个人劫机向团伙劫机发展。从结果看，团伙劫机比个人劫机危害大，难以实施反劫持行动，得逞率高。从已明确劫机方式的836起劫机事件中，个人作案的有465起，占55.6%；得逞191起，占41%。团伙作案的有372起，占总数的44.4%；得逞283起，占76%。可见团伙作案比例虽少，得逞率却高出将近一倍。近20年来，团伙劫机所占比例呈上升趋势，20世纪70年代其所占比例为38.2%，80年代上升到56.1%。在团伙犯罪的372起劫机事件中，五人以上团伙劫机高达88起，其中作案人数最多的一次是在美国。1980年8月29日，168名古巴难民登上了停放在客机坪准备由利马飞往洛杉矶的飞机，要求飞往迈阿密，否则就烧毁飞机。

二是劫机者使用的工具从武器、刀具向易燃、易爆品和讹诈劫机方向发展。20世纪70年代以前，劫机者多是使用武器、刀具等作为劫机工具。70年代后，由于各国加强了对乘机旅客和行李物品的安全检查，使用较先进的检查仪器，使得武器、刀具和金属性爆炸物容易被检查出来。劫机者随之改变了手段，有的使用隐蔽性较强、不易被检查出来的非金属性易燃、易爆和危险溶液劫机；有的甚至没有带任何危险品，谎称携带炸药，或用假武器讹诈进行劫机。这类劫机案例数量增加较快，20世纪70年代其占同期的31%，80年代增加到了38%。

三是地面劫机呈上升趋势。从劫机总数看，地面劫机所占比例不足10%，但从1985年以来逐渐上升，以1986年和1987年两年间发生的17起劫机事件来看，地面劫机6起，占这一阶段的35.3%。从总的情况看，地面劫持飞机是一个新动向，给机场的全封闭式管理和安全提出了更高更严的要求。

3. 劫机的手段智能化、隐蔽化

随着先进的多功能 X 射线安全检查仪等仪器在世界各机场的广泛使用，使用金属武器、刀具或一般手段劫机越来越困难，劫机者随之相应改变了携带违禁物品的方法和劫机的手段。一方面采用各种隐蔽的手法来藏匿、携带危险物品逃避安检带上飞机。另一方面采用隐蔽性较强的非金属性的易燃、易爆品，塑料炸弹等劫机；有的甚至没有带任何危险品，谎称携带炸药或假武器讹诈进行劫机。

劫机者藏匿、携带违禁物品的方法、手段变化多端，智能化成分增加，如将炸药伪装在牙膏里，把雷管等爆炸装置藏在圆珠笔等日常生活用品中。

——把手枪藏匿在照相机、录音机或某种仪器中。

——把钢笔、圆珠笔改装成微型手枪或催泪瓦斯攻击器等。

——把导爆索、导爆管藏匿在行李推车钢管内。

——不引人注意的打火机、口红或手电筒、拐杖武器等。

——可以发射小型火箭弹的公文包。

——藏在箱子底夹层的手枪。

——藏在小孩身上的武器。

——隐藏在空心书里的武器或炸药。

——藏在石膏绷带或厚绷带中的武器。

——藏在自称是孕妇而出于"医疗原因"不能接受磁性仪器检查的妇女身上的武器和弹药。

——把液体炸药装在标有允许携带物品的容器里。

——将爆炸装置隐藏在鞋子甚至内裤里。

——将液体炸药隐藏在饮料瓶内。

——将易燃液体灌入抽空的易拉罐内。

三、国际爆炸飞机简况

爆炸民用航空客机，严重地威胁着航空运输的安全，给航空器登记国、航空公司和旅客的生命财产造成惨重的损失。因此，爆炸飞机造成的后果远比劫机严重得多。

从 1945 年 5 月菲律宾航空公司一架 DC-3 飞机在飞行中被炸坠入海中以来，共计发生飞机爆炸事件 93 起，平均每年 2.3 起。共爆炸、坠毁飞机 42 架，2175 人死亡，310 人受伤，有 33 架飞机严重损坏。发生飞机爆炸最多的是美国，共 24 起，占总数的四分之一；其次是法国，共 6 起。

1985 年，爆炸飞机事件 13 起，473 人死亡。1986 年的 3 起炸机事件就造成 112 人死亡。1987 年的 3 起炸机事件使 333 人死于非命。1989 年共发生 5 起炸机事件，其中 4 起造成 428 人死亡、26 人受伤。从以上数字可以看出，炸机事件的次数虽有减少，但死亡的人数却有增无减，这是由于飞机机型的更新、载客量增大的原因。就发展趋势看，这种情况值得注意。

在屡屡发生的炸机事件中，政府要员乘坐的飞机甚至专机被炸引起了国际社会的广泛关注。1988 年 8 月巴基斯坦总统齐亚·哈克的专机返回伊斯兰堡途中在空中爆炸坠毁，齐亚·哈克及随行 6 名高级官员、13 名机组人员无一生还。又如，1989 年 10 月 21 日，洪都拉斯一架波音 727 飞机在降落前两分钟发生爆炸，造成 132 人死亡，5 人受重伤，死亡者中有哥斯达黎加的总统顾问和 17 名联合国的官员。

爆炸飞机事件的不断发生和造成的严重后果，威胁着民用航空的安全，成为飞行安全的最大隐患。

第四节　国内劫、炸机事件简况

一、国内劫、炸机事件一般情况

1. 国内第一次劫持事件

1977 年 6 月 16 日张楚云劫持事件。

2. 国内民航班机第一次被劫持到国外的劫机事件

1983 年的"5·5"劫机事件。

3. 国内大陆飞机第一次劫持到台湾的劫机事件

1988年的"5·12"劫机事件。

二、国内劫、炸机事件的主要特点

1. 时代特征比较明显

从我国发生的劫、炸机事件来看,劫、炸机事件的发生往往与当时的社会政治、经济和治安形势密切相关。我国发生的第一次劫持事件即张楚云劫持事件,是在"粉碎'四人帮'"、追究"打砸抢"分子的罪行的形势下,张楚云为逃避法律制裁而采取的劫机外逃行为。

我国20世纪八九十年代发生的劫、炸机事件,是在改革开放的大背景下,社会治安形势出现了反复,极少数人对社会不满,向往西方生活方式,加上"台湾"政府的利诱,产生了劫机外逃行为。我国发生的劫持逃往台湾的事件,大多属于这种情况。

而21世纪初发生的劫、炸机事件,又带有浓厚的经济色彩。2002年发生的"5·7空难"和2003年发生的彭兴云爆炸飞机事件,目的都是为了骗取高额保险金。

从2008年开始,我国发生的劫、炸机事件与恐怖主义袭击产生了联系。2008年3月7日的"南航3·7事件"和2012年6月29日的"6·29"新疆和田劫机事件都属于恐怖主义事件。

2. 航线分布以沿海沿边航线为主

劫机歹徒为了达到其劫持飞机的目的,对怎样实施劫机多进行周密策划。所发生的劫机事件中,多数歹徒选择靠近台湾的厦门、福州、广州、深圳等沿海沿边航线。1977—1999年的44起劫机事件中,发生在飞往厦门或厦门起飞的航班上就有15起,占总数的34%。

3. 劫机目的地选择主要为台湾

1977—1999年的44起劫机事件中,劫机犯胁迫机组飞往台湾的占32起,占总数的72.7%,劫机分子有的是追求资本主义的生活方式,向往资本主义社会；有的是对现实不满，为满足个人欲望，不惜以身试法；有的是刑事犯罪分子，为逃避法律制裁，铤而走险。

4. 劫、炸机犯罪分子以男性中青年居多

1977—1999年我国发生的44起劫机事件涉及案犯61人，这些人中男性55人，占总数的90.16%，除一人50岁（精神病）以外，年龄都在45岁以下，其中54人在40岁以下，占总数的88.5%，年龄最小的17岁，最大的44岁。这些人大部分文化水平低，好逸恶劳，贪图享受。

5. 劫、炸机犯罪分子隐藏违禁品的手段阴险狡诈

劫、炸机犯罪分子为了达到其劫机目的，事前都要经过精心准备，手段极其狡诈。如1993年"4·6"劫机事件的黄树刚、刘保才，劫机前多次对安检现场及流程进行窥视。通过安检时将防暴手枪和狩猎手枪放在一个盒子的夹层里，而将另外两支玩具手枪和防暴枪重叠放置于盒子上，致使防暴枪混上飞机，劫机得逞。

6. 劫、炸机犯罪分子凶恶残忍、不计后果

劫、炸机犯罪分子大多是亡命之徒，实施犯罪时凶恶残忍、不计后果。如本身是飞行员的劫机犯金义兴，为实现自己的劫机图谋，残忍杀害作为自己同事的机长。1989的梁奥真劫机事件中，梁奥真引爆了绑在腰间的炸药，炸伤2名旅客。

7. 新闻媒体对劫机事件的宣传具有诱发作用

劫机事件本身对社会就有很大影响，加之某些新闻媒体不注意影响，详细报道劫机事件的过程、方法和手段，产生了极为严重的负面效应，发生连锁反应，如"7·23"劫机事件的罪犯胡晓交代，他是从报纸上看到"4·6"劫机的报道后，产生了劫持飞机去台湾的念头。"10·23"预谋劫机事件的罪犯哈广庆本人交代，他是从电视新闻中看到四川航空公司一架飞机被劫持到台湾的报道后，产生了劫机念头。又如"4·23"劫机事件中的罪犯王国平原准备乘火车到广州，从陆地偷越边境外逃或是坐轮船经香港附近海域时，跳水从海上外逃。正值王国平犹豫不决时，看到《参考消息》上

报道了苏联一对芭蕾舞演员夫妇劫持飞机获得成功的消息后，便产生了劫持飞机的念头。

8. 民航内部人员参与劫、炸机犯罪

随着地面和机上安全保卫措施日趋完善，劫机的难度增加了，于是犯罪分子就想方设法同民航内部人员拉关系，探听安全保卫方面的情况，寻觅可乘之机。1983年的"5·5"劫机事件前，沈阳机场值班室主任刘某向卓长仁泄露X射线安全检查仪器已运到，近期将安装使用。卓长仁一伙得到这个消息后，就趁安检仪器安装之前，将枪支藏在仪表中混过了安检关使劫机阴谋得逞。劫机犯金义兴利用飞行员身份，在民航内部熟人多、关系广的便利条件，事先将隐藏手枪的包放在隔离区内逃避安检关，后又托机组人员将该包带上飞机，在飞行过程中他随意进出驾驶舱，打死机长，其劫机阴谋险些得逞。1998年10月28日，中国国际航空公司执行北京—昆明—仰光航班任务的飞机被带队机长袁斌及其妻徐梅以造成机毁人亡相威胁劫持到台湾，影响极恶劣。

第五节　国内外反劫、炸机的主要措施

一、国际反劫、炸机的主要措施

20世纪60年代以来，国际民航组织多次通过决议，谴责以暴力劫持飞机、干扰民用航空活动的非法行为，呼吁各国加强合作，采取措施，制止恐怖活动。对此，各国政府航空当局以及各国航空公司通过技术和法律的措施，防范和打击劫、炸机犯罪，收到了积极的效果。

1. 采取法律措施，制定保障航空公司安全的法律、法令

非法劫持飞机严重地威胁国际民航运输的安全和正常经营。针对劫机事件不断发生的严重情况，国际民航组织先后在1963年9月、1970年11月、1971年9月制定了东京、海牙、蒙特利尔三个关于防止劫机的航空国际公约。

国际民航组织一方面敦促没有加入三个公约的国家尽早加入，另一方面还专门制定了安全保卫的规定建议和手册，并要求缔约国采取防止劫机的有效措施。美国、英国、日本等国还根据本国的情况，制定了航空安全法，使得机场安全工作有法可依，保证了机场安全管理制度得以严格执行。同时，一些国家为了惩罚以暴力干扰、破坏飞机和机场设施的行为，制定了相应的法令，严厉制裁劫机者，按情节轻重，分别判处徒刑、苦役、没收财产或死刑，使劫机案件有所减少。

2. 采取技术措施，实行严格的安全检查

从1970年开始，世界各国加强了反劫机的斗争，开始实行安全检查，初期都是手工检查，美国从1973年、日本从1974年开始用仪器检查，当时也只限于几个大机场，以后逐渐发展到全部使用仪器，但同时均辅以手工检查。由于加强了安全检查技术，世界民航的航空运输飞机被劫持的现象有所减少。

爆炸飞机事件的不断发生和其造成的严重后果，威胁着民用航空的安全，国际民航组织在集中搞好反劫机的同时，开始重视研究如何严防炸机这一新课题。1989年联合国安理会和国际民航组织相继通过决议，呼吁各国加强合作，保证国际民航的安全，特别要防范使用塑性炸药和薄片炸药炸飞机的恐怖主义活动。1991年2月，国际民航组织在加拿大蒙特利尔召开会议，通过了《在可塑性炸药中添加识别标志的公约》，这个公约实施后，就可以采用技术手段检查可塑性炸药，从而使防炸机工作得到加强。

二、我国反劫机的主要措施

1. 健全保障民用航空安全的法令和规章制度

除了国际上三个有关航空安全的公约之外，各国都会根据本国情况制定自己的航空安全法规。我国已于1996年3月1日、7月6日分别颁布实施了《中华人民共和国民用航空法》《中华人民共和国民用航空安全保卫条例》，《民用航空安全检查规则》也于1999年6月1日正式实施。除此之外，我国还先后颁发了一系列有关民用航空安全的规范性文件，各机场也相应制定了行之有效的具体的安全规章制度。

2. 建立统一、健全的航空安全保卫机构

为了保障民用航空及其设施的安全，民航局设立专门的公安部门，按照《中华人民共和国航空安全保卫条例》的规定，统一领导全国的民用航空安全保卫工作，民航各地区管理局和各省、自治区、直辖市航空安全监督局以及各机场均设有各级公安机关；国家和各省、自治区、直辖市都成立了紧急处置劫机事件领导小组、航空安全办公室。

3. 完善机场安全保障设施，加强机场安全管理

为了有效地加强机场的安全管理，各机场均采取了相应的安全防范措施，根据国际民航组织的要求，安装了相应的安全防护设施。划分控制区、候机隔离区，实行严格的安全管理，安装监控设备，对重要区域进行不间断的监控，设立瞭望哨、公安进行日夜巡视；进入控制区、候机隔离区的人员和车辆严格发证管理。机场控制区的管理从传统的砖石围墙到金属围栏，然后到电子围栏，最后发展到今天的物联网。

4. 实行严格的安全检查

安全检查是航空安全保卫工作的重要组成部分，是确保民航客机安全飞行的关键环节。我国的民航安全检查从无到有，在组织机构上经历了四个阶段。从安检的手段、方法上经历了20世纪80年代的简易安全检查阶段，到90年代仪器检查普及阶段，再到现阶段的新型多功能检查仪推广使用阶段，今天的安检科技日新月异，蓬勃发展。在民航安全检查的内容、对象上，由原来只针对旅客的检查，发展到今天的对乘坐民用航空器的旅客及其行李、进入候机隔离区的其他人员及其物品，以及空运货物、邮件的安全检查；对候机隔离区内的人员、物品进行安全监控；对执行飞行任务的民用航空器实施监护。在安全检查过程中，根据空防安全威胁等级增加开箱包率和人身检查率。

5. 加强旅客异常行为识别，及时发现预谋劫机事件

旅客异常行为识别是一种新的民航安检工作手段，能有效提高民航安检工作的针对性和有效性，最大限度地将安全风险控制在地面。根据中国民航

安检工作实际情况，借鉴国际民航异常旅客行为识别工作经验，近年来，我国民航正在大力推进安检现场旅客异常行为识别技术。

6. 加强空中安全保卫和地面处置

航空器在飞行中的安全保卫工作由机长统一负责，空中警察和航空安全员在机长领导下，承担安全保卫的具体工作。空中警察和航空安全员的工作具体包括：对民用航空器客舱实施安全检查；维护民用航空器客舱内的秩序，及时制止危及航空安全的行为；制止未经批准的人员进入驾驶舱；依法对民用航空器所载的可疑人员和行李物品进行检查；防范和制止劫机、炸机、破坏民用航空器等违法犯罪行为及其他非法干扰民用航空活动的行为等。近年来，我国民航加强对空中保安人员的专业培训；认真制订反劫、炸机预案，在实际工作中加强演练；组建反劫机专业队伍，大力加强专业技能训练，提高处理突发事件的能力。我国空中安全员队伍已形成规模，并在反劫机斗争中多次发挥作用。

第六节　空防安全的风险管理

今天，人类面临着航空物流和人流的大发展，民航空防安全问题面临着新的挑战，除飞行员素质和航空器的可靠性、安全性外，在经济发展和信息全球化的21世纪，飞机已成为便捷、舒适的交通工具，运载的旅客和货物的安全已是民航安全的重要任务。各种各样的犯罪人员，既包括恐怖分子也包括敌对分子以及精神病患者等，为航空运输带来了严重的威胁，而空防安全的环节涉及旅客及行李安全检查、货物安全检查、航空器监护等多个环节，任何一个环节出现问题都可能带来严重后果，民航安全检查作为民航大系统的一个子系统，是飞行安全的地面支持，对航空安全的作用至关重要，因此，民航安全检查工作在空防安全中有着特殊的地位。

一、系统安全理念

航空安保管理体系（SeMS）架构中，民航的空防安全工作的主要内容如下：

（1）对地面进行管制，防止无关人员进入机场特殊区域；预防和打击破坏机场地面设施、进而实施破坏航空器正常运行的行为。

（2）预防通过在交运的行李或者货物中夹带危险物品，危及航空器运行安全的行为。

（3）预防和打击飞行中的航空器受到不法行为干扰，危及航空器运行安全的行为。

（4）预防和打击在空中实施劫持航空器、机上旅客或工作人员，要求改变航线的行为；预防和打击利用劫持的航空器及机上人质来要挟政府，达到劫持者非法目的的行为；预防和打击将航空器作为攻击性武器，攻击地面目标的行为。

民航的空防安全可以分为"地面防"和"空中反"两个方面。民用机场的职责是做好"地面防"，也就是空防安全管理的前两条，而"地面防"的主要职责又落实在机场和航空公司的安检机构。

目前，我国各民航企业普遍建立了应急处置机构，成为处置民航恐怖主义犯罪的有力支撑。

根据系统安全的理念，空防安全不是人、机、环境、管理中一个或者几个的问题，而是应将空防安全看作一个系统，该系统包括人、机、环、管四个方面，缺一不可。

二、空防安全评价指标体系

最早，人们提高空防安全水平的方式就是不断提高硬件设备，例如，提高监控系统的智能化程度，升级安防系统中的门禁系统或是更换最新的安检设备。比较多的学者从其防范的观点考虑，先是查找隐患，而后改善硬件条件。很少有人将空防安全看作是一个完整的体系，一个包括人、机、环境、管理四要素的体系。

由于空防安全涉及人、机、环、管四个方面，同时系统理论认为事故是人、机、环、管各要素作用下发生的出乎意料和不希望发生的破坏性事件，因此，可以从系统理论出发，将空防安全指标体系作为目标层，而人、机、环、管作为其准则层。然后参考国际民用航空组织（ICAO）出版的8973号文件《ICAO保安手册》《航空法》《航空安全保卫条例》等国际、国家法规和《中国民用航空安全检查规则》《处置非法干扰民用航空安全行为程序》等行业标准，从理论上分析人、机、环、管各个准则层，最终得到其指标层。

三、空防安全风险评估

1. 建立评价指标体系

由于空防安全指标体系把系统各因素之间的隶属关系从高到低排成3个层次，并建立不同层次元素之间的相互关系，符合层次分析法的运用结构，同时该方法是一种建立在专家咨询之上的优化方法，根据问题的性质和需要达到的目标，能把多层次多指标的权重赋值简化为各指标重要性的两两比较，弥补了人的大脑难以在二维以上空间进行全方位扫描的弱点，便于各层次、各指标进行客观的赋值，得到方案层相对于总目标重要性次序的组合权重值，以此作为选择和评价方案的依据。因此，选用层次分析法进行数据处理。

2. 结论

研究机构经过大量数据分析，得出了空防安全相关的结论：

（1）保安人员是空防安全的一个重要因素，是需要重视的一个风险因素。

（2）机场管理是机场空防安全最重要的一个环节，机场空防安全管理者扮演着举足轻重的角色，只有好的管理者，机场的空防安全才能得到较高的保障。

（3）机场的设备是比较重要的因素，尤其是安全检查设备是一个比较容易出现问题的地方。

（4）通过数据分析发现，社会政治条件是影响空防安全的一个主要方面。

四、措施与建议

风险控制是一种积极控制风险的方法。在事故发生前,分析各种危险源,提前采取预防性的措施,保证空防安全。针对全国民航空防安全工作的不足之处,专家给出了一些建议和措施:

(1)加大安保管理体制的改革。

(2)机场的管理者对机场的空防应负有直接的责任和义务。

(3)加大先进检测监控设备设施的投入,改进机场空防设备,确保机场空防安全,特别是计算机系统在安检系统的开发和利用。

(4)当政治环境出现一些不和谐因素或发生引起世人瞩目的政治事件时,各个机场的空防安全工作应该注意加强。

练习题

1. 简述空防安全的定义和内容。
2. 对民用航空安全的非法干扰行为主要包括哪些?
3. 为什么说劫持航空器的行为是犯罪行为?
4. 简述我国劫机事件的主要特点。
5. 简述我国反劫机的主要措施。

第二章 恐怖主义

> **学习目的**
>
> 掌握恐怖主义的概念和特点，了解恐怖主义的由来，明确国际恐怖主义活动对民航安全危害的方式，防范其对我国民航的非法干扰。

第一节 国际恐怖主义的来源、概念和特点

一、恐怖主义的概念

何谓恐怖主义（terrorism）？人们通常认为，它不是指一般孤立的偶然犯罪，而是指一种有组织、有制度、有政治目的又不同于战争的暴力活动。

全球关于恐怖主义的较有影响的定义据说有100多种，《简明大不列颠百科全书》对恐怖主义的定义是："对各国政府、公众和个人使用令人莫测的暴力讹诈或威胁，以达到某种特定目的的政治手段。各种政治组织、民族团体、宗教狂热者和革命者、追求正义者以及军队和警察都可以利用恐怖主义。"

同时，《美国法典》也对"恐怖主义"一词作出了定义："恐怖主义"是指经过预谋的、有政治目的、且针对非军事目标的、由非国家的集团或秘密组织进行的暴力活动，其目的通常是影响大众。美国国防部对"恐怖主义"的定义是："为实现政治、宗教或意识形态的目的，对个人或财物非法使用或威胁使用武装力量或暴力，以强制或胁迫政府及社会。"

基于人道主义及和平主义的立场，一种对恐怖主义的通用、简单的解释

是"恐怖主义是旨在制造恐惧或者惊慌气氛的暴力或暴力威胁"。而1937年11月16日在日内瓦签订但并未生效的《防止和惩治恐怖主义公约》中第1条第2款中规定，恐怖行为是"指直接反对一个国家，而其目的和性质是在个别人士、个别团体或公众中制造恐怖的犯罪行为"。该定义仅仅关注暴力现象本身，特别是针对发达国家的宣泄式的个体报复行动，而很少去发掘恐怖主义现象的深层次根源，尤其忽略了其文化宗教内涵和现存国际制度造成的对立情绪，从而放弃了对恐怖主义的历史洞察。

由于对恐怖主义认识上的政治化倾向，恐怖主义问题又涉及政治、经济、文化、种族、宗教、道德等多种深层次因素，经常掺杂了特殊利益和价值判断，使得恐怖主义的概念带有某种感情色彩或政治倾向，难以成为一个严格意义上的国际通用的法律概念，因此要对恐怖主义下一个标准化的定义是非常困难的。我们不妨把恐怖主义理解为恐怖分子对人身或财产使用暴力或以暴力相威胁，以引起人们的心理恐惧，或者胁迫第三方（包括国家、组织或个人）为或者不为某种行为，以实现行为人预期目的的行为。

综上所述，恐怖主义是指在战争之外，个人或团体出于某种政治目的而采取的暴力行为，亦称"国际恐怖主义"。

二、恐怖主义的由来

1. 最早的恐怖活动

在人类历史的记忆中，已经很难查考出第一起恐怖活动究竟始于何时何地。不过，古希腊著名历史学家记录下来的、对对方居民造成心理影响的恐怖活动，以及司马迁在《史记·刺客列传》中记述的出于政治、军事目的而进行的谋刺活动表明，最早的恐怖活动至少可以追溯到我国春秋、战国时期和西方的古希腊、罗马时代。

2. "恐怖主义"名词的由来

作为人类冲突的一种表现形式，一般认为"恐怖主义"一词最早出现在18世纪法国大革命时期，当时为保卫新生政权，执政的雅各宾派决定用红色恐怖主义对付反革命分子。20世纪中期以前，恐怖主义活动基本上以暗杀、投毒为主要表现形式，并且具有较强的政治性与报复性。

3. 现代恐怖主义

20世纪七八十年代，现代恐怖主义开始在世界蔓延，逐渐成为全人类的公害，而且已对世界和平与安全构成了严重威胁。据美国兰德公司最新统计，世界上各种名目的恐怖组织已有1200多个，遍及上百个国家和地区。各种恐怖主义活动每年要发生数百起，对人类生命财产安全日益构成严重的威胁。在当前严峻的反恐形势前，我国也不同程度地受到了境内外敌对势力、民族分裂势力、宗教极端势力、暴力恐怖势力和"法轮功"等邪教组织等恐怖主义、准恐怖主义势力的侵害和威胁。

三、恐怖主义的特点

现代恐怖主义也称新恐怖主义，起源于20世纪七八十年代，是全球化时代一些极端组织或个人，甚至是次国家团体，为实现其政治和社会目的，甚至是宣泄对某些社会现实的不满，采取制造全球性或区域性恐怖效应的标志性手段，动员一切可利用的恐怖活动资源以求一搏的极端性行为。其恐怖活动对经济发展、社会安定、人民生活均构成巨大威胁。其最为明显的特征是恐怖活动已"超越政治信仰、民族感情、宗教信仰，发展到极端虚无主义、愤恨情绪、复仇主义和追求轰动效应的阶段"。

根据上述内容，恐怖主义的特点可以界定为：

（1）它必须是有预谋的。它是一个意图和决定的产物，不是"一时兴起"之作，也不是单纯的"事故"。

（2）它要有政治动机。它不是谋财害命，也不是私人恩怨。它有政治上的目的，它违法犯罪是为了理念和理想。至于对不对、善或恶，则是价值判断的问题。

（3）它的对象是"非战斗员"。因为不是打仗，所以它不期望"战斗"。基本上，它要袭击无力或无机会进行自我防卫者，包括军人。

（4）从事恐怖行动者是"次国家团体"或"秘密组织"分子。此外，恐怖主义包括已发生和计划中的；成为恐怖主义分子不是因为他们是什么人，而是他们做了什么事。

四、恐怖主义的分类

探讨恐怖主义的分类,有助于我们对恐怖主义含义和特点的理解。根据不同的标准,我国学者对恐怖主义作了不同类型的划分。

(1)从涉及的国家利益来划分,一般可以分为国内恐怖主义和国际恐怖主义。国内恐怖主义是指不涉及其他国家的利益和公民,由本国公民实施的发生在一国内部的恐怖活动。而国际恐怖主义是指恐怖活动涉及两个以上国家的人民和领土。

(2)从恐怖主义犯罪的形成原因和追求的目标来看,可以分为极左型、极右型、民族型、宗教型、邪教型和黑社会型等。

(3)从恐怖组织间的结合度看,可分为独立型和网络型。

(4)据其行为方式的不同,可分为传统型恐怖主义犯罪与新型恐怖主义犯罪。

另外,根据发生的时间,可以分为平时恐怖主义和战时恐怖主义。平时恐怖主义发生在平时,而战时恐怖主义则发生在战争或武装冲突的情况下。

五、恐怖主义的危害

恐怖主义可能造成重大的人员伤亡和财产损失,从而在国际社会造成恐怖状况,扰乱人们正常的活动以及不同国籍公民之间、组织之间、国家之间正常的国际交往。正因如此,国际恐怖主义在政治上威胁国际社会的安全与稳定,阻碍地区冲突的和平进展,引发外交或军事争端,激发军事对抗,制造民族分裂,扩大民族矛盾,加速民族问题国际化的进程;经济上,通过直接攻击经济目标造成重大经济损失,破坏正常经济秩序造成经济混乱;军事上,成为现代武装冲突的诱因,对世界具有极大的危险性。一般说来,政治恐怖主义是国际恐怖主义的主要特征,表现为宗教极端主义、民族分裂主义、政治行动主义等。但从近年来的国际恐怖活动看,国际恐怖主义大有超越政治目标和政治信仰的趋向,因此其影响和危害远胜于国内恐怖主义。

国际恐怖主义是一种大范围、跨国际的反人类活动。恐怖主义可怕在于心理威胁大于实质伤害,间接损失大于直接损失。在20世纪80年代,全世界发生了5431件国际恐怖事件，造成4684人死亡；90年代，有3824件，死亡人数为2468人。仅1994年以来，就发生了包括"9·11"在内的重大恐怖事件200余起，造成数万人伤亡和上万亿美元的经济损失，其中78%的人死于国际恐怖主义。而"9·11"事件的死亡人数超过了过去20年的总和。

第二节　国际恐怖主义活动对民航安全的危害

一、对危害民用航空安全的恐怖活动进行研究的意义

20世纪中期以来，由于各种纷繁复杂的国际因素、地域因素、历史因素和愈演愈烈的民族冲突等诸多原因，国际恐怖主义有日益泛滥的不良趋势，国际恐怖活动日趋猖獗。不断加剧的国际恐怖主义成为当今世界的一大公害，对世界的和平、安全与秩序构成了严重威胁。

特别是20世纪70年代以来，世界各恐怖组织以危害民用航空安全作为恐怖手段，实施爆炸航空器、武装劫持航空器、在机场内制造恐怖活动、滥杀机组人员和旅客等严重暴力犯罪行为，来实现其恐怖活动的目的，严重威胁着民用航空安全，影响了民航的经营和发展，对民航的经济效益造成了不可估量的损失。

对国际反恐与航空安全问题进行学习和探索，有助于我们对危害民用航空安全的恐怖活动规律及其对策的深入研究，认真总结经验教训，制定措施，提出对策，对于预防、减少或避免针对民航安全的恐怖事件的发生，保持良好的社会治安秩序，保障国家和人民的生命财产安全，维护国家和社会的稳定，具有重要作用和现实意义。

二、恐怖主义组织为什么以危害民用航空安全作为恐怖手段

自20世纪70年代国际恐怖主义活动进入高潮期以来，民用航空器和机场设施一直是备受各种恐怖组织青睐的破坏对象。造成这种现象的主要原因在于以下几个方面。

1. 民用航空器具有高度自由和快速的特点

作为一种重要的运输工具，较之依赖铁路、公路运行的车辆，航空器具有无法比拟的自由度和快速性。铁路、公路车辆都严重依赖道路，因此活动空间是被限定的，即使发生恐怖活动，其威胁很容易控制在较小的范围内。而民航飞机如果被劫持，其行动基本不受任何约束，可以迅速到达飞机航程内的任意一点，除非发生以下三种情况：劫机者被制服、飞机因故无法继续飞行、国家军事力量对飞机进行武装拦截。

这意味着，利用民航网络中任意一个节点的空防漏洞，短时间内即可对民航运输网络的安全构成大面积冲击。对于防御一方而言，这是一种非常不利于防守的宽正面。所以，这种高速、高自由度的运输特性对恐怖活动而言具有极高的利用价值，特别是"9·11"事件之后，民用航空器更有可能被劫持为自杀式袭击平台，形成可跨国界、目标不确定的点对面快速远程攻击局面。

2. 航线分布的广泛性

由于民用航空器在各国交通工具中所占的比重越来越大，乘坐飞机的人越来越多，并且各国几乎都有国际航线。这就为恐怖分子提供了实施恐怖活动的机会。

3. 民用航空器自身的天然弱点

民用航空器的脆弱性也远远超过了其他运输工具。虽然统计结果表明，民航飞机事故率低，是最安全的公共交通工具，但是一旦发生重大事故，旅客生存率往往极低。对恐怖活动而言，要造成同等人员伤亡，袭击航空器对武器、炸药等物资的需求远小于对其他交通工具的袭击。另外，民用航空器上发生劫、炸机事件时处置和救援的难度，也比地面交通工具高得多。

4. 航空事故造成的政治、社会影响巨大

空难事件更容易受到国内、国际媒体的关注和报道。这些报道被恐怖组织视为侧面宣传。所以，一起恐怖袭击事件或者事故后，经常会有多个恐怖组织出面宣称对事件负责。

三、恐怖分子劫持飞机以达到某种政治目的

1. 劫持飞机扣留人质作交换条件

"9·6"劫机事件中,解放巴勒斯坦人民阵线把劫机作为政治武器。1970年9月6日该组织把美国环球航空公司一架波音707飞机、瑞士航空公司一架DC-8飞机和英国海外航空公司一架DC-10飞机劫持到巴勒斯坦占领的道森机场,炸毁飞机并把旅客作为人质,要求释放巴勒斯坦恐怖分子。

2. 为了达到政治避难的目的

劫持飞机通常是恐怖分子使用武器(枪支、炸弹、匕首或假炸弹等)在飞机起飞后,在高空胁迫驾驶员改变航向,飞向他们要去的国家和地区,企图达到政治避难的目的,此类案件很多。

3. 劫持飞机以自杀方式撞向目标("9·11"事件)

"9·11"事件经过:

(1)2001年9月11日,美利坚航空公司一架波音767-200飞机在由波士顿洛根国际机场飞往洛杉矶途中被5名受过飞行员训练的恐怖分子劫持。他们驾驶飞机蓄意撞击纽约世贸中心北塔楼,于当地时间上午8点47分,飞机撞在北楼96~103层之间,造成大楼起火并最终坍塌。机上11名机组人员和81名旅客全部遇难。世贸中心大楼的死亡人数大约为3000人。

(2)2001年9月11日,美国联合

图2.1 "9·11"事件(1)

航空公司一架波音767-200飞机在由波士顿洛根国际机场飞往洛杉矶途中被5名受过飞行员训练的恐怖分子劫持。他们驾驶飞机蓄意撞击纽约世贸中心南塔楼，于当地时间上午9点03分，飞机撞在南楼86～97层之间，造成大楼起火并坍塌，机上9名机组人员和56名旅客全部遇难。

图2.2 "9·11"事件（2）

图2.3 "9·11"事件（3）

（3）2001年9月11日，美利坚航空公司一架波音757飞机由华盛顿杜勒斯国际机场飞往洛杉矶途中被5名受过飞行员训练的恐怖分子劫持。他们驾驶飞机于当地时间上午9点43分撞在靠近华盛顿特区的阿灵顿市美国国防部所在地——五角大楼。机上6名机组人员和58名旅客全部遇难，并造成地面100多人死亡。

（4）2001年9月11日，美国联合航空公司一架波音757飞机在由纽瓦克飞往旧金山途中被4名受过飞行员训练的恐怖分子劫持。他们驾驶飞机转为反航向飞向华盛顿特区，当地时间上午10点03分，飞机在宾夕法尼亚州萨默塞特附近一片开阔地坠毁。机上7名机组人员和38名旅客全部遇难。机上有旅客用手机告诉他们的亲属正准备制伏劫机者，随后飞机很快就坠毁了。

恐怖活动自古有之，但像"9·11"这样的"大手笔"，则只有在当代的条件下才有可能。当代人类社会有三个突出特点：其一，军事高技术化、高性能、自动化、遥控式射击、爆炸装置威力无比，核武器、生化武器令人生畏；其二，日常生活高科技化，巨型飞机、高速列车成为日常交通工具，电子通讯、计算机控制与网络成为神经中枢，人口容量巨大的巨型建筑、摩天大厦比比皆是，这种状况使恐怖活动很容易在日常生活中找到威力巨大的袭击工具，并且能够轻易造成巨大的人员和财产损失；其三，发达国家的大都市成为全球人们的活动场所，随着经济全球化、自由化进程的推进，人类交往的全球化也日益深入，这既给各国人民提供了便利，也使防范跨国界的犯罪和恐怖活动更加困难。

这次发生的袭击事件显示，恐怖分子所展开的是没有疆界的战争，能出其不意、以少搏多、声东击西，从意想不到的方向，以意想不到的方式进行奇袭，比起当年美国在越南所面对的游击战更不易应付。这次对美国的攻击造成的伤亡，不亚于历史上的一次中等战役。意味深长的是，实施这一战争行为的并不是一个确定的国家，非国家主体的某个组织在全球化的背景下足以构成对美国的重大威胁，非国家主体的某个组织也可以是国际战略力量的候选者和构成要素。

四、恐怖分子炸毁飞机以达到某种政治目的

1. 洛克比空难

1988年12月21日，美国泛美航空公司的一架波音747客机在苏格兰小镇洛克比上空爆炸坠毁，造成机上259人和地面11人丧生。空难发生后，美英两国情报机构组成的调查组立即对空难展开调查，并最终于1990年秋天认定这次空难系利比亚航空公司驻马耳他办事处经理费希迈和利比亚特工阿卜杜勒·迈格拉希所为。次年11月14日，美英两国发表联合声明，要求利比亚交出凶手。利比亚虽然拘留了费希迈和迈格拉希，但拒绝把他们交给美英两国。

2. 2004年俄罗斯空难

2004年8月24日，俄罗斯发生的两起空难造成90人丧生，在图-154飞机失事现场找到了爆炸物痕迹，第二天调查人员又宣布在图-134飞机残骸中也有同样的发现。更触目惊心的是两架飞机中的爆炸物均为黑索金烈性炸药，车臣非法武装分子曾多次利用这种爆炸物制造过恐怖事件。联邦总检察院将事件的性质改为恐怖袭击。

图-154飞机上姓杰比尔哈诺娃的妇女和图-134飞机上姓纳加耶娃的

妇女都来自车臣。

调查结果显示,纳加耶娃1974年出生于车臣的基洛夫－尤尔特村。她的一个哥哥因涉嫌恐怖犯罪活动被驻车臣俄联邦武装力量抓走。由于基洛夫－尤尔特村曾是巴萨耶夫武装力量的重要基地,纳加耶娃很可能同"黑寡妇"一样被培养为恐怖分子,最终通过制造空难为兄长报仇。

五、恐怖分子在机场内制造恐怖活动以达到某种政治目的

1972年5月30日,恐怖分子突然袭击以色列卢德机场,造成25人死亡,76人受伤。

1973年12月17日,恐怖分子在开罗机场向一架美国客机扫射,造成30人死亡,多人受伤。

1. 英国挫败飞机恐怖爆炸图谋

2006年8月10日,部分英国飞往美国的航班上,恐怖分子使用液体炸药欲炸毁飞美航班,24名疑犯曾在巴基斯坦接受爆炸训练。最后恐怖嫌犯在伦敦被捕,他们打算用运动饮料瓶装上液体炸药或者凝胶炸药,然后在飞机上引爆炸弹,他们试图在10架英国航班上安装这种炸弹。事件发生后,美国宣布对托运货物实行100%安检。法国决定暂时禁止飞往英国、美国和以色列的旅客携带液体或胶状物品登机,英国政府规定不允许旅客随身携带手提行李上飞机。

2. 英国发生恐怖袭击事件

2007年6月30日,一辆燃烧的汽车撞向苏格兰格拉斯哥机场大楼,8名疑犯被初步认定均与"基地"组织有着密切的联系。6月29日凌晨,警方拆除了在伦敦市中心发现的两枚大型爆炸装置。美国各大机场随即做出反应,到处可见持枪警察和巡逻的工作人员。

第三节 我国的反恐现状

一、我国面临的恐怖主义威胁

长期以来，由于社会制度和国情不同，中国诱发恐怖活动的因素相对较少，国际恐怖主义对中国的影响和冲击较小。但美国"9·11"恐怖袭击事件也给中国再次敲响警钟：中国绝不是远离恐怖主义的"避风港"，中国在对付恐怖主义问题上切不可掉以轻心。近年来，带有黑社会性质的犯罪团伙以及非法宗教组织有所发展，形成了恐怖活动的社会基础；敌对势力也在利用社会生活中出现的一些敏感热点问题或社会矛盾，伺机制造事端或动乱。以极端恐怖手段报复社会的事件逐渐增多，暗杀、绑架、爆炸、袭击案件时有发生。港澳台、东南亚、东亚地区的黑社会势力在向境内渗透，枪支弹药等"高危"物品走私活动也很猖獗，民族分裂势力、宗教极端势力、邪教组织势力等敌对势力也蠢蠢欲动。凡此种种，已经对中国社会的安全与稳定构成了不容低估的现实威胁。

二、我国对恐怖主义的界定

2001年的《打击恐怖主义、分裂主义和极端主义上海公约》对恐怖主义的含义作了明确界定，这使恐怖主义成为法律概念，为国内恐怖主义的认定提供了法律依据。

2003年12月15日，公安部解释了中国认定恐怖组织和恐怖分子的具体标准，认定恐怖组织的具体标准是：

（1）以暴力恐怖为手段，从事危害国家安全，破坏社会稳定，危害人民群众生命财产安全的恐怖活动的组织（不论其总部在国内还是国外）。

（2）具有一定的组织领导分工或分工体系。

（3）符合上述标准，并具有下列情形之一：

① 曾组织、策划、煽动、实施或参与实施恐怖活动，或正在组织、策划、

煽动、实施或参与实施恐怖活动；

② 资助、支持恐怖活动；

③ 建立恐怖活动基地，或有组织地招募、训练、培训恐怖分子；

④ 与其他国际恐怖组织相勾结、接受其他国际恐怖组织资助、训练、培训，或参与其活动。

认定恐怖分子的具体标准是：

（1）与恐怖组织发生一定的联系，在国内外从事危害国家安全和人民群众生命财产安全的恐怖活动的人员（不论其是否加入外国国籍）。

（2）符合上述条件，并具有下列情形之一：

① 组织、领导、参与恐怖组织；

② 组织、策划、煽动、宣传或教唆实施恐怖活动；

③ 资助、支持恐怖组织和恐怖分子进行恐怖活动；

④ 接受上述恐怖组织或其他国际恐怖组织资助、训练、培训或参与其活动。

这在司法实践上增强了可操作性，对于恐怖主义的认定及打击具有很强的指导意义。

恐怖主义已成为人类的公敌，反恐怖主义的斗争是长期而艰巨的，需要国际社会的通力合作，需要发挥联合国的主导作用，在反恐怖主义同时要尊重他国主权，尊重民族、文化、意识形态的多样性，努力消除经济等方面的不平等现象，消除恐怖主义产生的根源，营造人类和谐社会。

三、我国民航业对恐怖势力的防范

我国当前面对的最主要的恐怖威胁是来源于以"基地"组织为代表和模仿对象的极端主义恐怖组织。自"9·11"以来，这些恐怖组织更倾向于发起自杀式袭击。

中国和数个中亚国家陆地接壤，其中阿富汗、巴基斯坦都是极端恐怖主义组织活跃地区，其他中亚国家境内也不同程度地存在民族分离主义势力和宗教极端主义背景的恐怖主义组织。国内恐怖组织和这些国家境内的恐怖主义组织长期存在密切联系，未来有可能通过边境渗透方式，获取来自境外的支援，对中国民航的空防安全构成威胁。

民航客机的特点使其成为 20 世纪以来暴恐袭击的热门，中国面临着极端宗教势力恐怖袭击的切实压力。因此，在反恐怖袭击的道路上，中国政府和民众以及各国民航都任重而道远。

练习题

1. 试分析以恐怖主义为目的劫机与一般劫机的区别。
2. 请分析恐怖主义组织为什么以危害民用航空安全作为恐怖手段。

第三章 安全检查概述

学习目的

掌握民航安全检查概念,明确安全检查的性质,理解民航安全检查工作的法律特征,了解民航安全检查工作的特点。

第一节 民航安全检查的概念和性质

一、民航安全检查概念的演变

1. 传统的民航安全检查概念

民航安全检查简称安全检查,是指在民航机场实施的以防止劫(炸)飞机和其他危害航空安全事件的发生,为保障旅客、机组人员和飞机安全所采取的一种强制性的技术性检查。

从以上民航安全检查的概念,我们可以看出:

(1)安全检查是预防劫、炸机的重要措施。

使用技术手段进行安全检查,在海关、铁路等领域也有应用。我们这里所说的安全检查,是一个具有特定含义的专用名词,只指在民用机场实施的以防止劫、炸飞机和其他危害航空安全事件发生为目的的安全检查。

安全检查是反劫机斗争的产物。它的产生和发展同劫持、爆炸飞机这一活动紧密相关,当前,世界范围的劫、炸机恐怖活动有增无减,国内各种社会矛盾日益突出,所以,安全检查工作只能加强,不能削弱。

(2)安全检查是世界性航空安全措施。

安全检查是世界性的航空安全措施。这是因为：事物是相互联系、相互影响、相互作用的。任何一个国家的任何一个机场的安全检查，都是国际航空安全系统的一个组成部分，不论是哪一个机场出现安全问题，都绝不仅仅是这个国家、这个机场的内部事务，而必然会受到国际舆论的关注，承受国际责任的压力。这样，不管哪一个国家，要想在民用航空方面与世界各国保持正常往来，就必须解决好安全检查问题。

安全检查涉及每一个乘机旅客，旅客在乘坐飞机前必须接受强制的安全检查，这已经成为全世界接受的国际惯例。

（3）安全检查的对象是所有乘坐民航班机的旅客及其行李物品和空运货物、邮件。

安全检查是以预防为主的航空安全保卫措施，必须严密实施，才能发挥其作用，否则就失去了安全检查的意义。乘机的每一位旅客不可能都是预谋劫机者，但是，在没有通过安全检查之前，又不能排除旅客中存在着预谋劫机者的可能。旅客所携带的行李物品及其他空运货物、邮件不可能每件都有违禁物品，但在通过安全检查之前，又不能排除其中某一件隐藏着违禁物品的可能。因此，安全检查的对象必须是所有乘坐飞机的旅客及其行李物品和空运货物、邮件。目前，世界上少数国家对重要人物和特殊物品有免检的规定，我国也有免检规定，但任何人都不能随意扩大其范围。

（4）安全检查的目标是发现一切可用作劫、炸机的危险品、违禁品。

对乘机旅客及其行李物品实施安全检查，就是要将一切可能危及飞机安全的危险品、违禁品消除或控制在地面。安全检查中的危险品、违禁品是指可以用作劫、炸机的物品，主要包括枪支、子弹、炸药、爆炸装置、各种刀具、工具和其他易爆、易燃、腐蚀性、放射性等物品。在安全检查中，一旦发现上述物品，必须区分不同情况，严格按照有关规定处理，对被认为有劫、炸机嫌疑的，应将人和物一同交公安机关审查处理。

2.《国家民用航空安全保卫规划》规定的概念

随着科技发展和民航安全检查服务的延伸，目前民航安全检查的地点已不仅局限在民用机场，在城市航站楼、民用机场外的货运库区甚至生产企业都出现了民航安全检查的身影，因此，原有的民航安全检查的概念显然与目前的实际不相适应，为此《国家民用航空安全保卫规划》对民航安全检查的概念作了新的界定。

《国家民用航空安全保卫规划》规定：安全检查（security screening）是对乘坐民用航空器的旅客及其行李、进入隔离区的其他人员及其物品以及空运货物、邮件，利用技术或其他设备手段识别和探测可用于进行非法干扰行为的武器、爆炸物或其他危险物品和装置。

二、安全检查的性质

从特定意义上讲，民航机场安全检查，是民航空防安全保卫工作的重要组成部分；是国家警察机关或国家授权的专业安检队伍，为保障航空安全，依照国家行政法规对乘坐民用航空器的旅客及其行李、进入候机隔离区的其他人员及其物品，以及空运货物、邮件的安全检查；对候机隔离区内的人员、物品进行安全监控；对执行飞行任务的民用航空器实施监护。防范劫持、爆炸民航班机和其他危害航空安全的行为，保障国家和旅客的生命财产安全，具有强制性和专业技术性。

为了完整地、准确地把握安全检查的性质，必须深刻理解以下几个要点：

（1）机场安全检查是民航空防安全保卫工作的重要组成部分。

民用航空运输的安全，主要指飞行安全和空防安全，这是民航需要承担的最大风险，这里的"空防"从词义讲，就是"空中防线"（犹如陆地有"边防"，海上有"海防"）。"空防"的实际含义有一个演变过程，20世纪五六十年代"空防"一词，指的是防止内部个别蜕化变质的飞行人员（空勤人员）驾机外逃。尔后，由于国际、国内对敌斗争形势的变化，民用航空安全工作中空防的含义主要指防止社会上的恐怖组织和不法分子劫持、爆炸飞机，防止罪犯劫机外逃的"三防"工作。

安全检查是对乘坐民航班机的中、外籍旅客及物品实施公开检查，防范劫持、爆炸民航飞机及其他危害航空安全的行为发生，确保国家和旅客生命财产的安全。安全检查是我国反劫、炸机工作中最重要的环节，是航空安全保卫工作的重要组成部分。

（2）民航安全检查，是由专业安检队伍在特定的环境、特定的条件下，依照国家法律、法规授权进行的国家行政管理行为。

（3）安全检查的管理体制和组织形式，在不同的国家或一个国家的不同时期有所不同。

目前世界上主要有三种形式的安全检查。第一种是警察与安保公司相结合的形式，如以色列、美国、土耳其、新加坡等国采用这种形式。第二种是机场当局雇请安全公司或保安公司承担，如香港机场、澳门机场就是雇请保安公司负责安全检查工作。第三种是由机场或航空公司自己负责组织专业队伍承担，如我国境内现行的安检组织形式。就我国安检的历史来看，不同的时期，组织形式亦不尽相同。安全检查工作实施初期阶段，是由边防武警在重点机场对国际航班的旅客进行安全检查；第二阶段是由民航保卫部门实施；第三阶段是由武装警察部队负责实施；第四阶段是民航组建的专业队伍担负安全检查工作。

第二节　民航安全检查的法律特征及特点

一、安全检查的法律特征

安全检查部门有行政法规的执行权而无处罚权。这就是安全检查的法律特征。

安全检查部门是保障航空安全的带有服务性质的单位，是一支有专业技术的职工队伍，执行国务院、民航局、公安部为保证航空安全发布的有关行政法规和规章。所以说，安全检查带有行政执法的性质。但安全检查部门作为民航的一个基层单位，属于企业的一个机构，不属于行政机关，所以从这方面来讲，它又不具备行政处罚权，即不能行使拘留、罚款、没收的权力。

安检机构在安全检查工作中经常遇到的非法携带管制刀具、爆炸物品等违禁物品的行为，是违反《治安管理处罚条例》的行为，法律规定只能由公安机关来依法处罚。安检机构在安全检查时遇到需要追究行政责任或刑事责任的问题，应主动交给现场值班公安人员处理。

二、安全检查工作的特点

安全检查工作以中外旅客及其行李物品为主要对象，以防止劫、炸机为主要目的，以公开的安全检查为主要手段，是民航事业中确保飞机和旅客生命财产安全的必要措施，是一项非常重要的工作。安全检查工作要求在较短时间内完成对所有乘机旅客及其行李物品等的安全检查，而且要确保安全，一旦出现失误，发生劫持飞机事件，后果严重，损失巨大，还将在国内外造成极坏的政治影响。因此，它具有责任性强、影响面广、政策性强、情况复杂、时间性强、矛盾集中、专业性强、科技含量高、风险性大、管理要求高等特点。

1. 责任性强、影响面广

1）民航安全检查工作是一项保证人的生命安全的工作

民航安全检查工作承担着保证航空器上广大旅客和机组人员生命安全的重任，一旦工作疏漏，就有可能导致劫、炸机事件的发生，旅客、机组人员的生命安全受到威胁。因此，民航安全检查工作是一项保证人的生命安全的工作，使命崇高，责任重大。

2）劫、炸机事件的发生，可能导致巨大经济损失

飞机是当今最先进的现代化交通运输工具，迅速准时，但也价格昂贵。因此为防止劫、炸机而设立的安全检查工作具有极强的责任性，劫持、爆炸飞机的犯罪分子，不择手段，残忍凶暴，为达到他们的罪恶目的，不惜杀人毁机，虐待人质。如1982年7月25日发生的由西安飞往上海的2505航班B-220号飞机被劫事件，罪犯在劫机未果后，狗急跳墙，将飞机炸出一长80厘米、宽50厘米的大洞，企图造成机毁人亡。

3）劫、炸机事件的发生，社会影响深远

发生劫、炸机事件，会引起媒体关注，吸引公众注意，直接影响社会稳定、国家声誉。如1983年"5·5"劫机事件发生后，党中央对此十分重视，派中国民航局局长亲赴韩国解决劫机事件，并和韩国当局进行了据理力争的外交谈判，但由于韩国尚未和我国建立外交关系以及其他国际因素，给劫机事件的处理带来很大困难。事件发生后，国务院立即发布了"5·8"命令，

即《国务院关于加强防止劫机的安全保卫工作的命令》，体现了政府对航空安全的重视和关心，也说明了安全检查工作的责任极其重大。

2. 政策性强、情况复杂

改革开放以来，我国的国际地位和威望不断提高。随着我国与世界各国交往的增多，来我国参观访问、投资建厂、洽谈贸易、探亲访友、旅游观光及其他友好活动的外国人、外籍华人、华侨、港澳台同胞日益增多，有的单个往来，有的组成旅游团体。他们当中有国家元首，也有平民百姓。另外，由于旅客成分复杂，身份不同、地位不同、政治立场不同、宗教信仰不同、个人修养不同，也给安全检查工作提出了更高的要求。在这种情况下，安检人员处理问题时决不能带有随意性，处理每一个问题都要有依据，即国家的法规和上级的有关政策、规定。我们在运用政策的同时，还要讲究策略。一方面要保证飞机和旅客的安全，另一方面要防范和打击敌对分子的破坏活动，更好地为我国的经济建设服务。

3. 时间性强、矛盾集中

安全检查是旅客登机前经过的最后一道关口，往往由于航班集中，旅客流量大，或因旅客到达安检现场较晚，造成安检时间的紧张。而安全检查工作则要始终如一地坚持严查细验，确保安全，因此需要我们每个检查人员要有强烈的时间观念，严密现场工作组织，合理安排现场工作，增强业务素质，才能确保安检工作的高质高效和航班的安全正点。

4. 专业性强、科技含量高

1）民航安检人员的专业要求高

安全检查工作是一项专业性、技术性较强的工作，各种安全检查设备的操作、维修，对违禁物品尤其是化学物品、爆炸物品的检查、识别和排除，与来自世界各地的旅客打交道等，都需要有一定的业务知识、专业安检技能、外语水平等综合知识技能才能胜任。因此每个安检人员都要刻苦钻研业务，并不断在工作中积累经验，增长知识，提高业务素质以适应日益发展的民航安检工作的需要。

2）民航安检设备的科技含量高

随着科学技术的发展，民航安检的科技含量越来越高。目前的民航安检设备涉及机械、电子电气、化学、计算机技术、通讯技术、信息科技等多领域，科技程度高，发展迅猛。

5. 风险性大、管理要求高

1）人为因素的风险

民航安检工作承担着保证空防安全，防止劫、炸机事件发生的重任，安检人员的素质高低、业务技能的熟练与否直接关系到安检工作的质量，各种人为因素的疏漏，都有可能导致重大的安全责任事故，因此，安检工作安全风险高，管理难度大。

2）设备风险

安检工作过程中使用各种仪器设备实施安全检查，由于设备的可靠性等问题，都有可能出现漏检等情况，这是安检工作的另一种风险。

3）法律风险

民航安检机构通过实施安全检查工作，防止危及航空安全的危险品、违禁品进入民用航空器，保障民用航空器及其所载人员、财产的安全。同时，安检机构执行国家法律，防止和制止国家法律规定的禁运物品带上飞机。近年来，一些违法犯罪分子千方百计利诱、拉拢安检人员，为他们的违法犯罪行为开方便之门，或者共同犯罪，各级安检机构必须正视这样的风险。

4）安全风险

安全检查工作是同隐蔽的、以"旅客"身份出现而图谋劫机、炸机的犯罪分子进行斗争。犯罪分子多是亡命之徒，手段狠毒，阴险狡猾，在其阴谋败露时，就可能铤而走险，孤注一掷，行凶肇事，对安检人员人身构成威胁。

随着民航事业的不断发展和安检技术检查工作的不断加强，劫机分子所采取的手段越来越隐蔽，他们利用各种手段伪装、藏匿危险物品，企图混过安全检查关。另一方面，一些并没有劫机、炸机动机的旅客，因怕麻烦或缺乏应有的乘机安全常识，有意或无意藏匿携带危险物品，这无疑在一定程度上增加了安检工作的复杂性。

第三节　民航安全检查的产生和发展

一、国际上安全检查的产生和发展

1. 国际上安全检查的产生

从20世纪初，第一架活塞式飞机飞上天空，到第二次世界大战后喷气式飞机成为航空运输的交通工具，至今也不过几十年的时间，而作为民用航空安全保卫工作重要组成部分的安全检查的产生则是20世纪70年代初，距今不过40余年的时间。

安全检查产生于20世纪70年代初不是偶然的，它是形势的需要，是反劫机斗争的必然产物。

20世纪60年代末期，劫、炸机事件数量直线上升，劫机范围迅速扩大，1968年以前，世界发生劫机事件平均每年不超过6起，1968年达到30起，1969年直线上升为90起，1970年88起，平均4天1起，劫、炸机事件的频繁发生，严重影响航空业的正常运输和经营，严重危及旅客、机组人员的生命、财产安全，成为一个严重的国际性问题，据国际航空运输协会的不完全统计，1969—1979年的10年间，在劫机事件中被扣作人质的达37756人，死亡1600人，受伤1045人，在这些死伤人员中，有的是惨遭杀害的，有的是空中爆炸或人为破坏致使飞机失事造成机毁人亡的。

劫机事件的不断发生，引起了国际社会的高度重视，联合国和国际民航组织多次通过决议，严厉谴责非法劫持和其他危害民航安全的非法行为，呼吁加强国际合作，积极采取有效措施，制止这类事件的发生，各国政府、机场和航空公司为确保飞机和旅客机组人员的安全，维护国家的声望和航空公司的声誉，于是安全检查作为一项非常重要的工作，首先在航空运输业比较发达的国家产生，在短短的几十年中迅速发展成为全球性的重要航空安全保卫措施。

2. 国际上安全检查的发展概况

国际上安全检查的发展经历了一个由点到面、由手工到仪器检查的过程，从检查的方式手段看大体可分为四个阶段。

第一阶段，手工检查阶段，从1970年开始，安全检查工作首先在美国、日本等国的主要机场开始实施，检查的方式是用双手触摸旅客的身体，手工开箱开包检查旅客的行李，整个检查全部用手工，没有任何仪器。

第二阶段，从手工检查到仪器检查过渡阶段，1973年美国率先在主要国际机场使用仪器检查，次年日本也在一些大的机场安装了检查仪器，紧接着法国、瑞士、英国等国也积极效仿开始使用仪器配合检查，这一阶段的主要特点是仪器检查和手工检查并用，仪器检查只是在几个先进的资本主义国家的一些繁忙的大机场使用，至于旅客流量不大的中小机场，大多还是靠人工进行检查。

第三阶段，仪器检查普及阶段，随着科学技术的发展，安全检查仪器质量的不断提高，X射线安全检查仪从单能量逐步发展成为多能量，反映在监视器荧光屏上的图像越来越清晰，并且有立体感，较容易辨别行李中的各种物品，检查仪器质量的提高，使仪器的使用逐渐普及，很快成为机场安全检查的主要手段。与此同时，安全检查的组织机构也日趋严密和完善，美国的机场设置了"安全公司"作为专门机构，日本以"保安事业总局"专门负责安全检查，法国、瑞士等国的安全检查则由内务部和国防部共同负责。

第四阶段，从一般仪器检查到新型多功能检查仪过渡阶段，开始，世界各国使用的X射线安全检查仪等仪器，主要用于检查旅客身上的行李物品中藏匿的枪支、子弹、匕首、炸弹等金属性的危险物品。近年来，劫机者、恐怖分子为了逃避检查，改用非金属性危险物，特别是塑胶性炸药进行劫、炸机活动。国际民航组织越来越重视防炸机这个新课题，目前已有多种能探测出非金属爆炸物的化学分析仪器研制成功，并在一些机场投入使用。

二、我国安全检查的产生和发展

1. 我国安全检查的产生

空防安全工作对民航事业的发展起着积极的保证作用，早在20世纪50

年代，周恩来总理就指示民航要保证安全第一，改善服务工作，争取飞行正常。长期以来民航部门始终不渝地把周总理的指示作为工作总方针，并坚持把安全工作放在首位。因此，自20世纪50年代以来，我国民航在国际航线上从未发生过等级飞行事故，飞行安全在国际上处于先进行列。

20世纪70年代初期，国际上连续发生劫机事件，先进的国家开始在机场使用安全检查仪器，我国当时尚无劫持民航飞机的事件发生，但我国政府已意识到预防劫机事件发生的重要性和紧迫性，开始提出机场安全检查的问题，并着手进行思想上和物资上的准备。1974年4月22日，周恩来总理在中国民航总局《关于民航国际通航准备情况的报告》上批示："要保证东通日本、加拿大；西通卡拉奇、罗马尼亚和法国不发生安全事故。"随后公安部下发了《关于对外开放机场实施安全检查的通知》，指出："关于在开放机场设置技术器材，加强安全检查工作，目前正在以北京、上海两机场为重点，逐步安装建设实施安全检查的原则，已经国务院批准。"为落实这一通知，公安部首先给北京安装了金属探测器，还准备安装X射线检查仪和监控设备。我国的安全检查的产生，从文件规定上讲，应该从1974年公安部上述文件算起，但当时由于种种原因，未能付诸实施，这样就使我国民航的安全检查工作比国际上落后了近10年。

我国安全检查产生的国内因素是：20世纪70年代末，我国的航空事业已经发展到一定规模，国内航线形成网络，在此期间，劫机活动也殃及国内航线。1977—1979年，我国国内航线上连续发生两起劫机事件和两起预谋劫机事件。

——1977年6月16日，张楚云在新疆图谋劫机逃蒙（未遂）事件。

——1979年4月23日，王国平在桂林企图劫机去香港（未遂）事件。

——1978年11月"中华民国西北特遣组"反革命集团阴谋劫持飞机等。

——1979年11月范学军盗枪预谋劫机案。

上述4起事件虽然均未得逞，但引起了全国的震动，对我国尽快建立安全检查制度起了推动作用。

为适应我国民航事业发展的形势，1979年5月，我国政府派出由公安部和民航总局组成的"机场安全检查设施考察团"赴法国、瑞士等国，对检查技术、仪器制造、管理制度等方面的问题做了全面考察，并分别在1979年上半年和1980年下半年给国务院写出两份报告，就建立我国安全检查的制度、指导思想、检查规定、队伍建设、仪器设备及落实措施等问题提出了设想和方案。1980年9月国务院批准了这两份报告，10月底武警边防总局在北京、上海、广州、杭州、桂林、南京、昆明、南宁、乌鲁木齐、沈阳等10大空港检查站会议上，对建立安全检查工作进行了部署，从人员物资等方面作了准备。

我国安全检查的产生也有国际因素。我国民用航空事业的迅速发展，使我国的国际航线不断增加，同时，与我国通航的外国航空公司也不断增加。为了适应不断发展的航空事业，我国政府先后于1979年10月11日、1980年10月10日加入《东京公约》、《海牙公约》和《蒙特利尔公约》三个有关航空安全的国际公约。在这种情况下，当时我国的安全检查工作滞后，使不少外国航空公司和乘机旅客感到不安，纷纷向我国政府提出意见和要求，希望尽快实施安全检查。日航、法航要求我国实行严格的安全检查，以防止恐怖组织的破坏，埃塞俄比亚外交部甚至向我驻埃使馆提出，允许埃航派人在北京机场检查乘坐埃航班机的旅客和行李物品，以确保埃航的安全，如不同意则要求我国政府作出书面保证，一旦发生事件要承担一切后果，美国泛美航空公司也提出了类似的要求。

根据我国民用航空安全工作的需要及我国对国际反劫机工作应承担的责任和义务，1981年3月15日，我国以公安部的名义发布通告，为了确保国际民用航空班机的安全，决定从1981年4月1日起在中华人民共和国境内各民用机场对乘坐国际航班的中外籍旅客及其携带的行李物品实行安全检查。至此，我国民航机场安全检查制度正式宣告建立。

2. 我国安全检查的发展概况

我国民航安全检查的发展从其体制变化和发展过程来看大致可分为四个阶段。

第一阶段：从1981年4月1日到1981年11月，这一阶段只在部分国际机场由武警边防检查部门负责对乘坐国际航班的中外籍旅客及其携带的行李物品实施安全检查，为了做好这项工作，公安部于1981年3月15日发布了通告，外交部礼宾司于同日照会了各国驻华使馆。

通告和照会的主要内容是：规定了乘坐国际航班的中外籍旅客及携带的手提行李必须经过仪器检查或手工检查，对拒绝检查者，不准登机，由此引起的一切损失由其本人负责,乘机旅客不得携带武器、弹药、易燃易爆物品及其他危害飞行安全的物品;发现携带上述物品且有劫机嫌疑的,交公安机关处理等。照会中还规定了对来访各国元首等高级别的领导人可免于检查以及对大使夫妇等外交人员的检查方法等。

这一阶段的安全检查工作时间不长,涉及的面不广,只是在有国际航班的少数几个机场,检查的对象也只是国际航班的旅客。

第二阶段:从1981年11月到1983年7月。公安部1981年10月15日发布通告:"为确保民航国内班机的运输安全,决定从1981年11月1日起,在中华人民共和国境内各民用机场,对乘坐民航国内班机的中、外籍旅客及其携带的行李物品,实行安全检查",其中第一条在1981年3月15日"通告"的基础上增加了"严禁将武器、凶器、弹药和易燃、易爆、剧毒物品等夹在行李、货物中托运"的内容。

这一阶段安全检查工作已全面展开,而且涉及面较广,包括了所有国内机场乘机旅客和手提行李物品。但仪器设备、规章制度、队伍管理等都处在初级阶段,尚不完备,有许多漏洞。如1982年"7·25"劫机事件,5名歹徒就是利用有的机场只查行李不查人身的漏洞,将刀具、手枪、炸药随身带上飞机的。这一阶段的安全检查工作是由民航公安保卫部门负责组织实施的。

第三阶段:从1983年7月至1992年4月。针对1983年"5·5"劫机事件的发生,国务院于1983年5月8日发布《国务院关于加强防止劫机的安全保卫工作的命令》,根据这一命令和国务院办公厅[1982]70号文件精神,1983年7、8、9三个月内,由武装警察部队在全国56个民用机场组建了安全检查站,承担民航安全检查任务。

这一阶段,进一步完善了空防安全措施,建立了飞机监护制度,形成了安全检查、隔离区管理、飞机监护、旅客登机管理等较完整的机场安全管理体系,从而使我国的安全检查工作进入了一个新的阶段,在这期间,武装警察部队以武装警卫的形式对所有乘坐飞机的旅客及其行李物品进行安全检查。

第四阶段:1992年4月以后,随着改革开放的进一步发展,为了对民用航空安全工作统一管理,根据国务院办公厅[1991]70号文件精神,从1992年4月1日起民航机场国内国际航班的安全检查工作任务(含隔离区管理、飞机监护)由人民武装警察部队移交民航部门,由民航部门组建安全检查机构执行。

这一阶段，安检设施设备建设得到了加强：对具备条件的机场交运行李检查进行了流程改造，减少了漏洞；引进了一批性能较好的德国、意大利安检仪器；配备了"钟控定时装置探测器"和防爆罐；一部分机场的安检工作现场安装了监控设备；进一步完善了对交运行李和货物邮件的安全检查。

这一阶段，安全检查人员的队伍、业务建设上了一个新台阶。随着航空运输事业的发展，安检队伍不断扩大，并根据任务的需要实行半军事化管理；在业务建设上，实行了安检人员岗位证书制度，制订了全行业统一的培训大纲，各地开展了一系列行之有效的岗位培训和考核工作，有力地促进了安检队伍整体素质的提高。

与此同时，航空安全保卫法规体系日趋完善，安检队伍管理、业务建设逐步走上了规范化、法制化的轨道。随着《民航法》《民用航空安全保卫条例》《民用航空安全检查规则》《民用航空安全检查工作手册》等一系列法律、法规及规范性文件的颁布实施以及安检人员进行定员、定编以及职业技能等级考核措施的出台，全方位地把安检工作进行细化量化，使安检工作有统一的操作程序、标准，有法可依、有章可循，从而使安检队伍、业务建设朝规范化、科学化方向迈出了坚实的步伐。

第四节　安检机构的职能和权限

一、安全检查部门的性质

我国安全检查工作开始至今，从体制上经历了几个不同的阶段，现行体制下安检机构的性质是：安检队伍实行职业制，着统一制式服装，佩戴统一标志。

我国民航机场安全检查部门是国家为保障民用航空安全的重要职能部门，是预防和打击劫持、爆炸民航飞机和危害航空安全犯罪活动的一支重要力量，是一支专业技术队伍，是机场的职能部门，业务上受民航局公安局的领导。

我国的民航机场安全检查部门是根据国家保障民用航空安全的有关规定而设立的，是执行国务院、民航局、公安部为保证航空安全而发布的法律、法规和规章的职能部门。

安检机构通过对乘机旅客及其行李物品的安全检查，截获预谋劫、炸机犯罪分子，杜绝违禁物品带上飞机；发现劫、炸机线索及时向民航公安机关报告；配合民航公安机关查控犯罪分子，打击各种犯罪活动。

安全检查主要是靠先进的设备、仪器并依循特定的操作规程进行的。因此，如果安检人员不具备一定的文化业务素质而且没有经过严格的技能培训，是难以胜任这项工作的。同时，安检工作又不是单一的技术性工作，它包括验证、操机、搜身、机器维修等一系列的配套性工作，这就要求多专业、多学科技术人员的协调与配合，才能达到检查的最佳效果。所以说，安全检查队伍是一支技术性较强的专业化队伍。

二、安全检查部门的职能

安全检查部门的性质决定了它的职能。一般来讲，安全检查部门具有预防和制止劫、炸机犯罪活动和保护民航班机及旅客生命财产安全的职能。具体体现在如下三个方面。

一是预防和制止企图劫、炸机犯罪活动的职能。虽然以反政府为目的的劫、炸机犯罪不是主要的犯罪形式，但由于政府进一步加大了打击各类犯罪活动的力度，使得一些犯罪分子不惜铤而走险，把劫机作为逃脱法律制裁的途径，把炸机作为报复社会的手段，使得近年来的劫机事件时有发生。这就要求民航机场安检机构切实采取预防措施，有效地防止劫、炸机犯罪活动。

二是保护国家和人民生命财产安全的职能。预防和制止劫、炸机犯罪活动，就是为了防止犯罪分子破坏民航飞机，使乘机旅客免遭生命和财产损失。为此，安检机构要严格执行国务院、民航局制定的有关保障民用航空安全的规定，严密各项安全措施，完善各项规章制度，确保飞机和旅客生命财产安全。

三是服务职能。安检机构是保障航空安全的服务性单位，坚持以维护航空安全、为民航运输服务、为国家的改革开放服务、为乘机旅客服务为宗旨。要使我国改革开放健康顺利地进行，离不开全社会的共同努力，各行各业都要自觉地服从并服务于发展经济、努力提高国民经济水平这一中心工作。作为直接为民航事业安全负责的安检机构，处于窗口单位，其服务职能体现得尤为充分。首先，在保障安全的前提下，安检机构要尽力保证航班能正点起飞，不致因检查原因延误飞机，从而影响民航经济效益；其次，要文明执勤，树立为旅客服务的思想。对旅客及其行李物品进行严格检查的同时，还要尽力给旅客做宣传、教育、说服工作，并对他们提出的有关问题耐心地予以答复，为他们排忧解难，多做便民利民的好事，让旅客感到乘坐民航班机既安全又舒适，树立安检良好的形象。

三、安全检查部门的权限

安全检查部门的性质和职能决定了工作内容和任务，要完成好安全检查任务，就应赋予安全检查部门一定的权限。具体地讲，安全检查部门具有以下权限。

（1）行政法规的执行权。安全检查部门组建初期就是根据公安部1981年3月15日和10月15日发布的《通告》和国务院1982年12月1日《关于保障民用航空安全的通告》开展工作的。这些《通告》就是法规依据；《民用航空法》和《民用航空安全保卫条例》颁布实施后，安全检查工作的法律依据更充分、更具体。安全检查部门在实施安全检查工作中，执行的就是《民用航空法》《民用航空安全保卫条例》和《通告》等法规。所以说，安全检查部门有行政法规的执行权。

（2）检查权。以有关法规为依据，安检机构的检查权包括几个方面，一是对乘机旅客身份证件的查验权；通过核查旅客身份证件，防止旅客用假身份证或冒用他人身份证件乘机，发现和查控通缉人犯；二是对乘机旅客的人身检查权，包括使用仪器检查和手工检查直至搜身检查；三是对行李物品的检查权，包括使用仪器检查和手工开箱（包）检查；四是对货物、邮件的检查权；五是对进入候机楼隔离区和登机人员身份证件的核查和人身检查权。

（3）拒绝登机权。包括两个方面，一是在安全检查中，当发现有故意隐匿枪支、弹药、管制刀具、易燃、易爆等可能用于劫（炸）机的危险品的旅客时，安检机构有权不让其登机，并将人和物一并移交机场公安机关审查处理。二是在安全检查过程中，对手续不符和拒绝接受检查的旅客，安检机构有权不准其登机。

（4）候机隔离区、航空器监护权。一是安检机构应在工作人员通道和候机隔离区各通道派专人看守，并派员在候机隔离区内巡视；二是对因故离开隔离区的旅客再次进入时，必须重新进行检查；三是对设在候机隔离区内的商店进行管理，不得出售可能危害航空安全的商品，所设商店需进购商品时，必须经过安全检查；四是当天航班结束后，应对候机隔离区进行清场，并将所有通道及门窗锁闭；对出、过港航空器实施监护，必要时，可以清舱。

练习题

1. 简述民航安全检查的概念。
2. 举例分析民航安全检查的性质。
3. 简述民航安全检查工作的法律特征。
4. 简述民航安全检查工作的特点。

安全检查

第四章　旅客与手提行李安全检查

> **学习目的**
>
> 　　了解旅客与手提行李安全检查的法律依据，掌握旅客与手提行李安全检查通道的检查程序，明确旅客与手提行李安全检查各岗位职责，熟悉旅客与手提行李安全检查各岗位安检程序。

第一节　旅客与手提行李安全检查的基本要求

一、旅客与手提行李安全检查通道的检查程序

检查时，要求旅客按秩序排好队，准备好证件，首先查验旅客的身份证件和电子客票登机牌，在安检信息系统中输入旅客信息，查验无误后加盖安检验讫章，再请旅客将手提行李和随身物品摆放在传送带上，通过 X 射线安全检查仪进行检查，然后请旅客通过安全门，对有疑点者要进行手工检查，发现可疑物品要开箱（包）检查，必要时可以随时抽查。

二、安全检查通道的设置及设备配备

各机场应当根据旅客流量合理设置安全检查通道，通道布局根据民航相关规定执行。

旅客安检通道应当配备：

（1）证件检查台：证件检查台的证件检查系统连接安检信息管理系统。

通过扫描旅客登机牌录入旅客信息，自动识别查控对象。

（2）金属武器探测门（安全门）和手持金属探测器。

（3）X射线安全检查仪。

（4）开包台：开包台由开包操作台和开包工作站构成。开包工作站连接X射线安全检查仪和安检信息管理系统。

（5）安检信息管理系统连接所有安全检查通道的监视器、证件检查系统、开包工作站、X射线安全检查仪，记录旅客安全检查情况。在监控室、安检服务台可以查询各通道旅客安全检查实况及已检查旅客信息。

（6）在每条通道的显著位置张贴有与安全检查相关的法律、法规等。

三、安全检查通道人员的配备

（1）根据民航相关规定，每条安全检查通道配备五到七名取得上岗资格的安全检查员，并且女安全检查员不少于两人以满足手工检查的需要（工作人员通道除外）。

（2）各岗位实行定时轮换或休息以减轻疲劳程度，对X射线安全检查仪操作岗位实行限时制，每次连续操机时间不超过40分钟，每天累计不超过6小时。

四、一般旅客和手提行李安全检查的要求

（1）旅客通过安全门报警的，必须进行手工检查，对穿运动鞋、高腰鞋、厚底鞋、扎带鞋等的旅客应该脱鞋检查，对旅客的袜子用手持金属探测器检查，鞋子则通过X射线安全检查仪进行安全检查。对重点或有特殊保安要求的航班须提高手工检查的比率，必要时可以对特定航班的旅客人身及其手提行李全部进行仪器和手工双重检查。对仪器检查未报警旅客的抽查，由值班管理人员根据情况确定，但形迹可疑者必须复查。

（2）手工人身检查一般应由同性别安全检查员实施，对女旅客实施安全检查时，必须由女安全检查员检查。

（3）对经过手工人身检查仍有疑点和表示不便在现场亮明物品的旅客，应将其带到旅客人身检查房或安检值班室从严检查（对可疑旅客必须脱鞋检

查）。检查时必须由两名以上同性别的安全检查员实施。

五、安检人员的职责

（1）依照有关法律、法规、规章，通过实施安全检查工作，防止危及航空安全的危险品、违禁品进入民用航空器，保障民用航空器及其所载人员、财产的安全。

（2）负责引导旅客将行李物品正确摆放到安全检查仪传送带上，提请旅客取出随身携带的金属物品放入托盘后按秩序通过安全门。

（3）负责对旅客自行掏出放入托盘内的物品的检查，及时提醒旅客取走已经过安全检查的物品。

（4）负责对乘坐国内航班旅客的有效身份证件、客票、登机牌（即"三证"）进行核查，识别涂改、伪造、冒名顶替以及其他无效证件，并负责协助执法部门查控布控人员。

（5）负责对旅客人身进行仪器和手工检查，防止随身夹带违禁品进入隔离区或登机。

（6）通过X射线检查仪监视器观察辨别受检行李物品图像中的物品形状、种类，发现、辨认违禁品或可疑图像。

（7）负责对行李物品实施开箱（包）手工检查，并填写旅客遗忘物品记录、违禁、限制物品处理记录、交运单、暂存物品记录。

（8）负责检查进入隔离区人员的有效证件，防止无证或证件不符人员进入隔离区，以及传递未经安检的物品。

（9）负责引导进入隔离区的人员和货物接受安全检查，并疏散在安检待检区排队的旅客尽快通过安全检查，并防止旅客在待检区逗留。

（10）发现有危及民用航空安全行为的，应当予以制止并交由机场公安机关审查处理。

第二节　旅客与手提行李安全检查各岗位职责及安检程序

一、验证检查员

1. 验证检查员岗位职责

（1）负责对乘机旅客的有效身份证件、客票、登机牌进行核查，识别涂改、伪造、冒名顶替以及其他无效证件；

（2）开展调查研究工作，加强旅客异常行为甄别；

（3）协助执法部门查控在控人员。

2. 验证工作流程

对旅客进行验证的工作流程如图 4.1 所示。

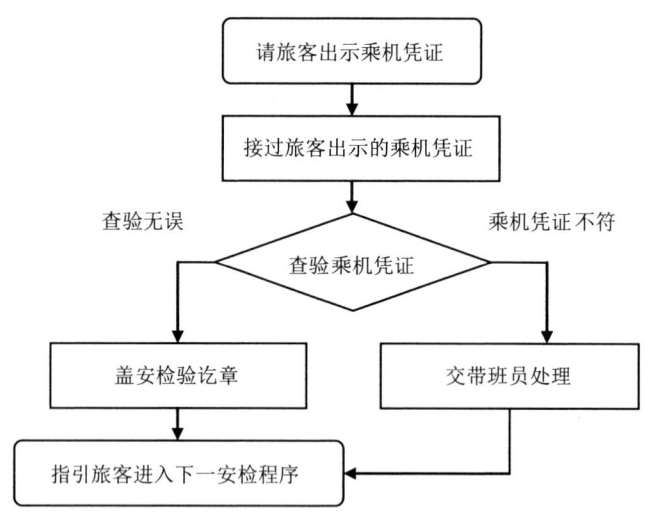

图 4.1　验证工作流程

注：（1）随着科技进步，各机场安检机构正在不断探索证件检查方式的革新，因此，本教材将以往"三证"、"二证"的表达方式统称为乘机凭证，以下同。

（2）由于各安检机构管理体制的不同，对带班负责人的称谓也是各种各样，为统一起见，本教材统称为带班员，包括带班员、科队长等一线领导，以下同。

二、前传引导员

1. 前传引导员岗位职责

（1）提示并协助旅客在X射线检查仪传送带上正确摆放受检行李物品；

（2）提示旅客将身上的所有物品放入衣物篮内接受X射线检查仪检查；

（3）引导旅客有秩序地通过安全门；

（4）加强旅客异常行为甄别。

2. 前传引导员工作流程

前传引导员引导并协助旅客将行李放到X射线安全检查仪上，他们遵循图4.2所示的工作流程。

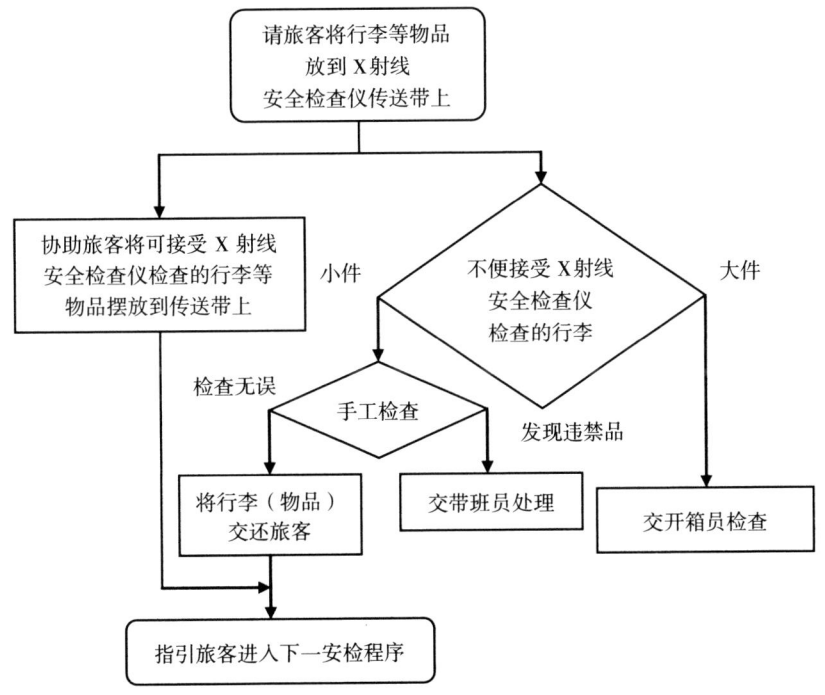

图4.2　前传引导员工作流程

三、人身检查员

1. 人身检查员岗位职责

（1）对旅客人身使用手持金属探测器或手工人身检查的方法进行复查，排除疑点后方可放行；

（2）准确识别并根据有关规定正确处理违禁物品。

2. 人身检查员工作流程

人身检查员把守安全门这一关口，必要时手工检查旅客，他们的工作流程如图 4.3 所示。

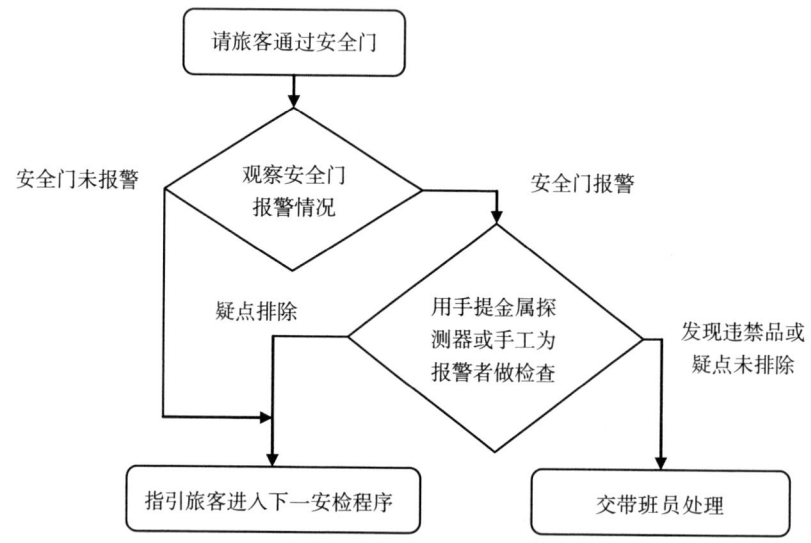

图 4.3　人身检查员工作流程

四、X 射线检查仪操作员

1. X 射线检查仪操作员岗位职责

（1）按操作规程正确使用 X 射线检查仪；

（2）观察辨别监视器上受检行李图像中的物品形状、种类，发现、辨认违禁物品或可疑图像；

（3）发现并判别禁止旅客随身携带或交运的物品、禁止旅客随身携带但可作为行李交运的物品、旅客限量随身携带的生活用品，以及其他具有危险、违禁物品特征的物品；

（4）将需要开箱（包）检查的行李及重点检查部位准确无误地通知开箱（包）检查员。

2. X射线检查仪操作员工作流程

X射线检查仪操作员主要操作X射线检查仪，必要时协助旅客开箱（包）检查，他们的工作流程如图4.4所示。

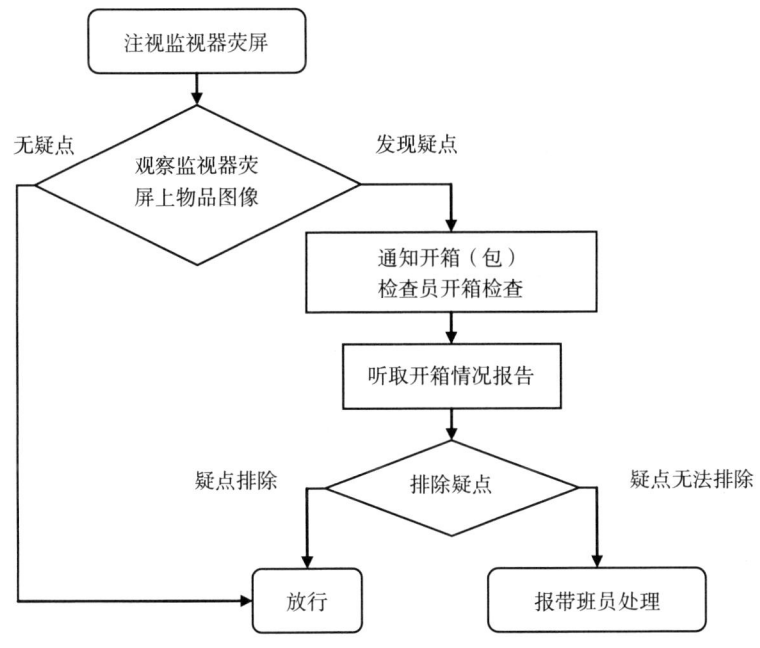

图4.4　X射线检查仪操作员工作流程

五、开箱（包）检查员

1. 开箱（包）检查员岗位职责

（1）对旅客行李实施开箱（包）手工检查；

（2）准确辨认和按照有关规定正确处理违禁物品；

（3）开具暂存或移交物品单据。

2. 开箱（包）检查员工作流程

图 4.5 详细介绍了开箱（包）检查员的工作流程。

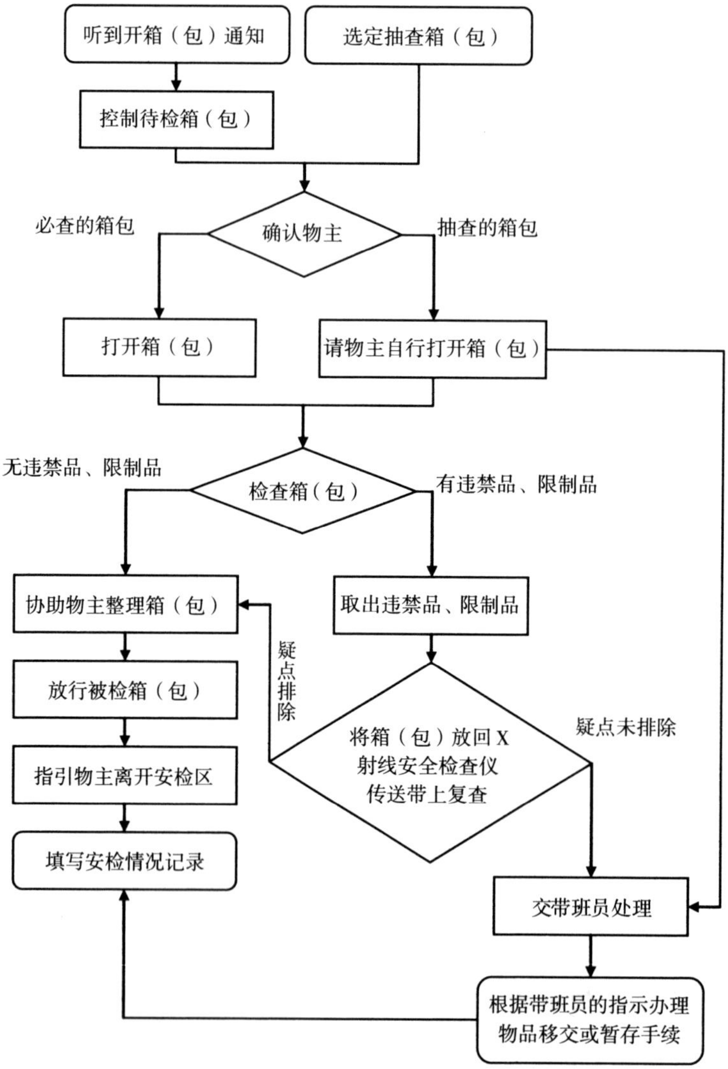

图 4.5　开箱（包）检查员工作流程

六、炸药探测仪操作员程序

1. 炸药探测仪操作员岗位职责

（1）熟悉、掌握炸药探测仪的工作原理、检查要点；

（2）正确操作炸药探测仪，准确识别各类威胁空防安全的危险品、爆炸物品；

（3）随机对旅客携带的行李物品进行炸药探测，及时发现旅客携带的爆炸物品；

（4）熟练掌握发现危险品、爆炸物品的处置程序。

2. 炸药探测仪操作员工作流程

炸药探测仪操作员的工作流程如图 4.6 所示。

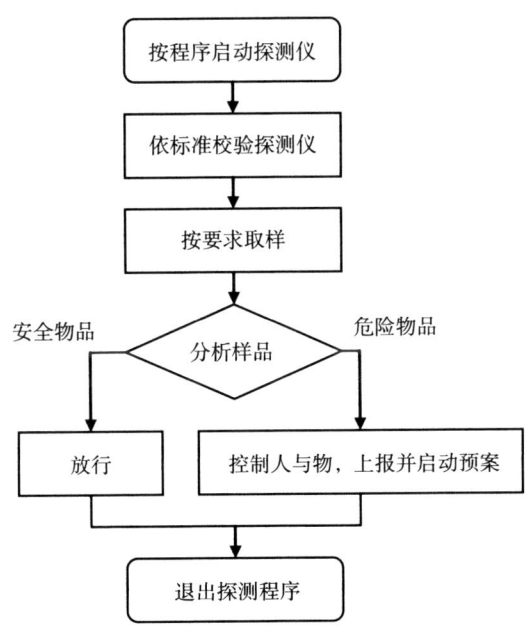

图 4.6　炸药探测仪操作员工作流程

第三节　特殊旅客和物品的安全检查

一、特殊类型旅客和物品的安检

1. 特殊类型旅客和物品的定义

特殊类型旅客是指在民航运输过程中，承运人需给予特别礼遇，或需给予特别照顾，或需符合承运人规定的运输条件方可承运的旅客。

2. 特别礼遇旅客和物品

（1）大使夫妇、总领事夫妇经承运的航空公司同意，并由该公司人员陪同或出具证明，可免予检查，对其余乘坐班机的各国外交官员、领事官员及其家属和他们携带的行李物品，亦按上述办法执行；

（2）对国家规定的保密客人，免验其身份证件，其人身及物品实施正常安全检查。

3. 特别照顾旅客和物品

（1）对重伤、重病旅客及其行李物品的检查，应通过安全门和 X 射线机检查，确实不能通过安全门的重伤、重病旅客，可安排一至两名与其同性别的检查员对其进行手工检查。

（2）对有宗教意义的物品，如佛龛、神像、骨灰盒等特殊物品一般采取 X 射线仪器检查，发现有异常物品时，可征得旅客同意后再进行手工检查。在旅客不同意通过 X 射线机检查时，可采用手工检查的方法进行。

（3）对坐轮椅、躺担架的旅客可用探测器检查，身体两侧及身后应尽量采取用手触摸的方法，必要时可请陪同人员或亲友协助，直到查清为止。

（4）对残疾旅客的检查，应注意避开其他旅客。特别是对其假肢进行拆卸检查时，更要注意，尽量不要损伤其自尊心或使其感到难堪。

（5）对聋、哑旅客的检查，因其语言、听力障碍，如检查人员又不懂哑语，可用文字或手势告知应该如何接受检查，但不能用手或探测器拖拉、拨带旅客。

（6）对盲人旅客的检查，盲人乘机一般有亲友随同，检查时，可在其随同人员的配合下进行。

（7）孕妇或出示证明带有心脏起搏器而不能（不便）通过安全门检查的旅客，引导旅客从安全门旁边通过，并由同性别的安检员对其进行手工人身检查。

（8）对一般医疗物品、救生物品、作为证据的物品应进行X射线机检查，但对医护人员携带的抢救危重病人所必需的氧气袋等，在确认安全的情况下，凭医院的证明可予以检查放行。

4. 需符合承运人规定的运输条件方可承运的旅客和物品

（1）对打石膏或活动受到限制的受伤旅客，凭医院开具的有关诊断证明，可进行仪器或手工检查。

（2）对被武装押解的人员、受司法限制的人员的检查，凭机场公安机关押解通知单及地方省、直辖市公安分局证明信和押解人员身份证件，按程序进行检查。

二、对接受司法和行政强制措施人员的安检

1. 法律依据

民航总局、公安部《押解犯罪嫌疑人乘坐民航班机程序规定》（民航公发[2001]250号）。

2. 措施

（1）对接受司法和行政强制措施人员的安检按照民航总局、公安部《押解犯罪嫌疑人乘坐民航班机程序规定》（民航公发[2001]250号）执行。

（2）押解犯罪嫌疑人一般不允许乘坐民航班机，确实需要利用民航班机押解的，由机场公安机关审核，地、市级公安机关批准后实施。

（3）重要旅客乘坐的民航班机，不准执行押解任务。

（4）要求押解警力三倍于犯罪嫌疑人，对犯罪嫌疑人采取限制身体灵活运动的防范措施。

（5）押解人员不得携带武器、警械。

（6）押解犯罪嫌疑人乘机时，由机场公安机关派员陪同押解人员和犯罪嫌疑人通过安全检查。

（7）通过安检通道时应避开正常旅客，对押解人员按照正常程序检查，对犯罪嫌疑人必须采取保护性检查程序，从严检查。

（8）检查无误后，由机场公安机关向该航班机组人员通报安全措施及犯罪嫌疑人和押解人员的客舱座位号。

（9）犯罪嫌疑人的座位应安排在客舱最后一排，并不得靠窗，应坐在押解人员中间。

（10）押解犯罪嫌疑人应该提前于旅客登机、晚下机。

三、对进入控制区的机组、工作人员、商品的安检

1. 检查通道

机组、工作人员、商品应从指定安全检查通道进入。

2. 岗位职责及内容

1）验证岗位

（1）查验工作人员佩戴的控制区通行证件是否有效。

（2）空勤人员凭国务院民用航空主管部门颁发的中国民航空勤登机证进入机场控制区。

（3）民用航空行政管理机关工作人员凭国务院民用航空主管部门颁发的专门证件进入机场控制区。

（4）加入机组执行任务的非空勤人员乘坐民用航空器，凭中国民航公务乘机通行证、本人工作证（或学员证）检查放行。

（5）查验进入候机隔离区的其他人员佩戴的控制区通行证件是否有效。对于进入候机隔离区的施工人员，根据《机场控制区内刀具和工具使用管理规定》执行。

2）其他岗位工作职责

同第二节安检程序。

四、中转及过站旅客的安检流程

（1）除非国家规定免检，所有中转旅客都必须重新接受安全检查。

（2）没有交运行李的中转旅客，办完中转手续后，分别在国内中转安检区、国际中转安检区重新接受安全检查（不出控制区）。

（3）交运行李的中转旅客，需要出控制区，按照出港流程，重新接受安全检查。

五、重要旅客与免检对象、免检物品的工作程序

按照相关规定执行。

练习题

1. 简述旅客与手提行李安全检查各岗位职责。
2. 角色扮演：旅客与手提行李安全检查通道的检查程序。
3. 角色扮演：旅客与手提行李安全检查各岗位安检程序。

第五章　托运行李安全检查

> **学习目的**
>
> 　　明确托运行李的定义，了解托运行李安全检查的法律依据，掌握托运行李安全检查人员的职责，掌握托运行李安全检查各岗位的检查程序，了解特殊行李安全检查的程序以及托运行李的保安措施。

第一节　托运行李安全检查的职责

一、托运行李的定义

托运行李是指旅客交由承运人负责照管和运输并填开行李票的行李。承运人在收运行李时，必须在电子客票登机牌上标明行李的件数及重量，并发给旅客作为认领行李用的行李牌识别联。

二、托运行李安全检查人员的职责

（1）通过X射线检查仪监视器观察辨别受检行李物品图像中的物品形状、种类，发现、辨认违禁品或可疑图像；

（2）负责对行李实施开箱（包）手工检查，并填写违禁、限制物品处理记录和暂存物品记录；

（3）负责控制在安全检查中出现的可能对环境有影响的物品。

第二节　托运行李安全检查的程序

一、班前准备工作流程

对托运行李进行安全检查前要进行班前准备，具体工作流程如图 5.1 所示。

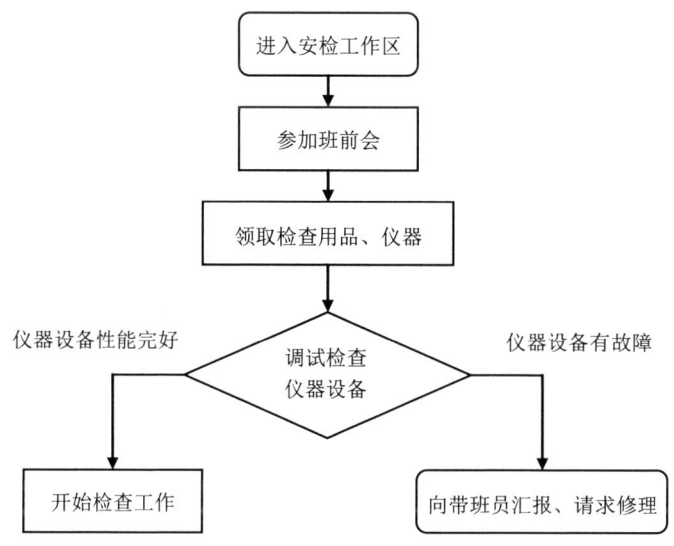

图 5.1　班前准备工作流程

二、X 射线安全检查仪操作流程

同手提行李检查。

三、开箱（包）工作流程

同手提行李检查。

第三节　特殊行李的安全检查

一、超大件行李、中转行李安检程序

1. 超大件行李检查

超大件行李是指在值机柜台交运、其大小超出了交运行李安全检查分层系统的大小，X 射线检查仪不能通过或传送带不能输送，必须通过专门的大件行李 X 射线检查仪检查的行李。

2. 中转行李检查

对国际航班转乘国内航班、国内航班转乘国际航班、国际航班转乘国际航班旅客的交运行李进行检查。

大件行李由旅客运送到大件行李检查点接受安全检查。安检人员在检查后的超大件行李上粘贴"行李安全检查"封条，再由值机人员从值机大厅直接送至行李分拣处。大件行李和中转行李检查方法程序同"托运行李安检程序"。

二、寄存行李安检程序

1. 行李寄存安检员岗位职责

（1）负责按规范操作安检仪器设备，检查旅客寄存的行李，必要时开箱（包）检查，确保所有寄存的行李安全。

（2）在安全检查中发现旅客寄存的行李物品中有危险物品，应按有关处置预案进行处理。

（3）在上岗前对安检仪器进行例行检查，并做好记录。如在运行中发现安检仪器故障，应及时向有关部门报修，以确保安检仪器始终处于良好状态。

（4）贯彻落实本部门的各项安全规章制度，按期参加岗位培训，并取

得上岗证书。

（5）积极参加本单位组织的各类安全教育和培训、消防和空防演习，提高安全意识和业务技能，杜绝隐患。

2. 行李寄存安检员工作内容及要求

（1）提前五分钟上岗，准备好相关工作用品和台账记录本。

（2）每班首次开启或重新开启X射线仪时，应对X射线仪的有效性进行测试并做好记录，判断其处于正常工作状态后方可过检行李。

（3）发现X射线仪不能正常工作，应及时向有关部门报修，在维修并经测试正常后才能使用，同时做好相关记录。

3. 行李寄存安检员操作内容及工作流程

（1）请旅客将需寄存的行李放在X射线仪传送带上，并示意物主在一旁等待。

（2）开启X射线仪传送带，对寄存物品进行安全检查。

（3）当显示器上出现过检行李图像时，如发现可疑图像，则点击相应的图像处理键对被检行李图像中的物品加以判别和分析，检查有无不符合寄存要求的危险品、违禁品（检查的重点是枪支弹药、爆炸物、爆炸装置、管制刀具、易燃易爆物品等）。

（4）如有可疑物品则要求旅客开箱检查，发现有违禁物品的则不予寄存，如是爆炸物、枪支等则立即与有关专业部门联系。

（5）如经检查无违禁物品，则要求寄存人出示有效证件。

（6）如发现其出示证件有可疑，则不予寄存。

（7）如检查证件无可疑则通知工作人员办理寄存手续。

4. 行李寄存安检员开箱（包）检查内容及工作流程

（1）对可疑物品进行开箱检查时，应首先将行李通过传送带移至库房外。

（2）安检员将需要检查的物品告知旅客，由旅客本人自行打开箱（包），对箱（包）实施检查（如箱包内疑有枪支、爆炸物等危险品的特殊情况下需由安检员控制箱包，并做到人、物分离）。

（3）对箱（包）进行有针对性的检查，已查和未查的物品要分开，放置要整齐有序。

（4）开箱（包）检查时，要仔细查验行李箱（包）的底部、角部和内外侧小兜，注意有无夹层。

（5）在安全检查过程中，显示器中出现刀具、液体、罐装气体、军警械、爆炸物等任一种（多种）可疑物品图像应立即按暂停键将传送带停止，并按规定程序处理。

（6）开箱检查无违禁物品后，行李仍需由X射线仪复检，确认无任何疑点后传送入库房。

（7）如旅客在柜台丢弃（放弃）违禁物品（管制刀具、易燃易爆物品等），工作人员应及时通知带班员，不得擅自处理。带班员应将物品交于机场警察，并在带班员交接班本上做好相关记录（丢弃时间、地点、物品名称、数量、交付时间、地点、警察姓名），以便旅客日后查找。

三、不正常行李的处理

（1）机场或航空器经营人应划定专门区域放置错运和无人认领行李，该区域实行封闭式管理；

（2）发现错运或无人认领行李，应立即送至托运行李安全检查点进行检查，经检查无疑点后方可放入错运、无人认领行李存放区。

1. 进港错运行李的处理

行李查询员在航班到港行李提取完毕后对行李提取区进行检查，若有无人提取的行李，国内进港行李则与起飞站联系，国际进港行李以行李条的航班号和目的地辨认，确认是否为错运行李或无人认领行李。若为错运行李应移交到行李室处理。

2. 进港无人认领行李的处理

行李查询员在航班到港行李提取完毕后对行李提取区进行检查，若有无人提取的行李，国内进港行李则与起飞站联系，国际进港行李以行李条的航班号和目的地辨认，确认是否为错运行李或无人认领行李。若为无人认领行李应移交到行李室处理。

3. 出港未登机人员行李的处理

保证旅客与其行李同机运输，保持一致性。所有装机的行李必须进行记录，对已经在机场办理登机手续后不能登机旅客的行李采取措施和安全控制，在起飞前必须卸下未登机旅客的行李。

（1）航班关闭舱门前登机口服务员发现有未登机人员，服务员将未登机人员的姓名、座位号通知值机人员。

（2）值机人员根据离港信息获取是否有交运行李，若无交运行李则允许关闭舱门、放行航空器。

（3）若有交运行李，值机人员通知行李装卸员将未登机人员交运的行李卸下飞机。

（4）行李装卸员将该行李交由行李人员处理，若无法找到旅客则交机场公安机关候机楼派出所处理。

四、托运行李的保安措施

（1）划定专门的行李分拣装卸区，实行通行管制，由护卫人员看护。所有托运行李必须经过安全检查，已经安检的托运行李的存放、分拣必须在划定的行李分拣区内进行，任何人未经批准不得擅自接触行李。

（2）为防止无关人员和未经安全检查的行李混入行李分拣区，应采取措施确保所有的行李传送带门始终受到监控或不用时处于锁闭状态。

（3）托运行李在分拣、装卸、运输和装机过程中的保安由航空器经营人或其代理人负责，并指定专人监控。

（4）各类货运车辆定位停放在安全控制区域内，驾驶员在操作前，必须认真清查车上有无可疑物品和无关物品，防止未经安全检查的物品混（夹）上飞机。

（5）托运行李应当在封闭式车辆或上锁的行李车上运送，不能实施封闭式运送的，必须安排专人护送。

（6）托运行李装机时，装卸人员应核对行李标签。

练习题

1. 简述托运行李安全检查人员的职责。
2. 角色扮演：表现托运行李安全检查各岗位的检查程序以及各岗位间的配合。
3. 简述托运行李的保安措施。

第六章　货物、邮件的安全检查

> **学习目的**
>
> 了解货物、邮件安全检查的法律依据，掌握货物、邮件安全检查人员的职责，了解货运区通行管制的相关措施，掌握X射线仪操作员准备工作内容及程序，掌握X射线仪操作员操作内容及程序，掌握开箱（包）检查员开箱（包）检查内容及程序，了解特殊货物、邮件的安全保卫措施。

第一节　货物、邮件安全检查的职责

一、安检人员职责

1. X射线仪操作员岗位职责

（1）按操作规程正确使用X射线检查仪。

（2）发现安检仪器故障，应及时向有关部门报修，以确保安检仪器始终处于良好状态。

（3）根据检查情况核对货主或货运代理人所申报的货物品名与实际货物是否相符。

（4）通过X射线检查仪监视器观察辨别受检货物、邮件图像中的物品形状、种类，发现、辨认违禁物品或可疑图像。

（5）将需要开箱（包）检查的货物、邮件及重点检查部位准确无误地通知开箱（包）检查员。

2. 开箱（包）检查员职责

（1）负责对受检货物、邮件实施开箱（包）手工检查。

（2）准确辨认和按照有关规定正确处理违禁物品，并填写违禁、限制物品处理记录。

（3）负责控制在安全检查中出现的可能对环境有影响的物品。

二、货运区通行管制

货运区域一般位于机场控制区内，实行封闭式管理和严格的出入管制，所有库区人员、车辆通道设有安保人员24小时值守，由安保人员对进库人员及车辆执行查证等安全检查措施，任何没有该区域通行权限的人员和车辆均不得进入。库区内由安保人员通过中央监控系统进行24小时实时监控，并由安全人员进行不间断巡逻。所有参与收运、存储、运输、装卸和承担相关保安责任的人员在任用前均应进行严格的背景调查。

第二节　货物、邮件安全检查的内容和程序

一、X射线仪操作员准备工作内容及程序

（1）准备好有关工作用品。

（2）每班首次开启或重新开启X射线检查仪时，应对X射线检查仪的有效性进行测试并记录，判断其处于正常工作状态后方可过检行李。

（3）开机过程中发现X射线检查仪不能正常工作，应及时向有关部门报修，在维修并经测试正常后才能使用。

二、X射线仪操作员操作内容及程序

（1）通知搬运人员将货物、邮件及快件搬到传送带上。

（2）认真辨识显示屏图像，如发现货物里有违禁物品或液体储存器具或图像模糊不清时，必须实施开箱（包）检查。

（3）根据检查情况核对货主或货运代理人所申报的货物品名与实际货物是否相符。

（4）在安全检查中发现货物、邮件中有危险物品，应按有关处置预案进行处理。

（5）特殊情况及发现问题的处理：

① 停电或X射线仪故障，必须实施开箱（包）检查；

② 对特别部门交运的保密货物、不宜检查的精密仪器和其他物品，按规定凭相关免检证明（指民航局下发文件可以免检的）予以免检；

③ 在检查中发现伪报品名现象，交值班领导处理，同时报机场公安机关；

④ 发现疑似枪支、爆炸物品图像时，应立即停机控制，并按《中国民用航空安全检查规则》和《紧急情况处置预案和程序》的有关规定进行处理，同时报机场公安机关和有关领导；

⑤ 开箱（包）检查后的行李物品应当再次经过X射线检查仪检查，彻底排除疑点后方可放行；

⑥ 对检查无误的货物在货运委托书上签字，做到一票一签。

三、开箱（包）检查员开箱（包）检查内容及程序

（1）当有箱包需要开检时，X射线检查仪操作员给开箱（包）检查员以语言提示。待货主或托运人到达前，控制住需开检的箱包，货主或托运人到达后，请货主或托运人自行打开箱包，对箱包实施检查（如箱包内疑有枪支、爆炸物等危险品的特殊情况下需由开箱包检查员控制箱包，并做到人物分离）。

（2）开箱（包）检查时，开启的箱包应侧对货主或托运人，使其能通视自己的物品。

（3）根据X射线检查仪操作员的提示对箱包进行有针对性的检查。已查和未查的物品要分开，放置要整齐有序。

（4）在开箱开包检查过程中，如发现不能确定属性的货物，必须要求货主补办非危险品证明。如无法补齐证明，则应退运处理。

（5）将检查出的物品请 X 射线检查仪操作员复核。若属安全物品则交还货主或托运人放回货物中，协助将货物恢复原状，而后对货物进行 X 射线检查仪复检。

（6）发现以下情况，按下列方式处理：

① 发现一般违禁物品和限运物品，交值班领导处理；

② 可疑邮件应会同邮政部门开包查检；

③ 发现枪支、弹药、爆炸物品等违禁物品，必须扣留当事人，将人、物分开，严格控制现场，同时报值班领导和机场公安机关派员处理；

④ 对于夹带、伪报品名托运其他类型危险物品而又无任何证明的，必须将其物品扣留，并将托运人交机场公安机关处理。

第三节　特殊货物、邮件的安全保卫措施

一、超大货物的安全保卫措施

（1）超大货物是指体积和重量超过 X 射线检查仪的预定值而不能过机检查的货物。

（2）收运超大货物时，应检查其货单与货物标识是否相符，能进行手工检查的通知开箱（包）检查员进行手工检查，无法进行手工检查的，必须存放 24 小时或采取民航局认可的其他安全措施。

（3）超大货物应在货区内的指定区域存放。

（4）超大货物启运时，应由航空器经营人或其代理人核对存放时间是否达到标准，对达到标准的，做好登记，并签字认可后装机运输；否则，不予启运。

二、中转货物的安全保卫措施

（1）对中转货物、邮件在存放、运输、装卸过程中必须实施严密监控，防止未经授权的人员接触。

（2）其他中转至国际、地区及特殊管理的国内航线的货物、邮件，应当按照中转流程重新进行安全检查或采取民航局认可的其他安全措施；但是，与中国签订的通航协议中规定有互认航空保安标准条款的除外。

三、货物、邮件在收运、存储、运输和装卸期间的安全保卫措施

（1）所有航空货物、邮件（规定免检的除外）必须经过安全检查。检查人员必须持有安全检查员资质证书。

（2）航空器经营人或其代理人应对承担货物收运、地面存储、运输、装卸期间负有保安责任的人员进行保安培训。

1. 货物、邮件的收运

（1）航空器经营人及其代理人收运货物应当符合国家的有关规定。邮政部门必须对收寄邮件进行严格检查，不得收寄属于国家禁运、限运的物品和危险品。

（2）凡是国家限制运输的物品，应符合规定的手续和条件，方可收运。凡是国家法律、法规和有关规定禁止运输的物品，严禁收运。

（3）货物收运人员必须经过专业培训持证上岗。货运人员收运货物时，必须查验托运人有效身份证件或单位证明，审核托运单据。托运货物人员须出示本人有效身份证件或单位证明，并按规定要求填写货物托运书。

（4）对收运的大件货物、邮件不能进行X光仪器安全检查的，必须在库内存储24小时。对鲜活货或收运后24小时内装机运输的货物、邮件，一律通过安检仪器检测。

2. 货物、邮件的存储

（1）所有出港货物、邮件应由各自专用通道进入货运控制区。

（2）已检货物与未检货物应隔离存放。

（3）货运区内货物均按航空公司分门别类存放，危险品独立存放于危险品库。

（4）航空器经营人或其代理人应安排专人对地面存储、运输和装卸期间的货物、邮件进行全过程监管，防止未经批准接近和触动已经安检的货物、

邮件。

3. 货物、邮件的运输和装卸

（1）各类货运车辆及货物集装箱（板）应定位停放在安全控制区域内，装载前必须先检查清除无关物品，防止未经安全检查的物品混（夹）上飞机。

（2）航空货物、邮件、快件的地面运输应当采用封闭式车辆或上锁的车辆运送，或安排专人护送，严禁搭载其他物品和非本作业班人员。

（3）货物、邮件在运输、装卸过程中，应落实清点交接手续和监装（卸）、押运责任。

（4）在配航班时，承运部门工作人员首先要检查所配航班的所有运单有无安检章，如果没有则检查收货时间必须已满 24 小时，否则不予组装。

（5）已经安检的货物或中转货物被转移出控制区外后再进入控制区时，必须重新安检，或采取民航局规定的其他安全保卫控制措施。

练习题

1. 简述货物、邮件安全检查人员的职责。
2. 角色扮演：表现 X 射线仪操作员准备工作内容及程序。
3. 角色扮演：表现 X 射线仪操作员操作内容及程序。
4. 角色扮演：表现 X 射线仪操作员与开箱（包）检查员的合作配合。

第七章　隔离区监控与门禁管理

学习目的

掌握机场控制区的概念和划分的区域，了解机场非控制区的范围，掌握机场控制区各区域的概念和安保措施，了解隔离区监控的方法，掌握门禁系统的概念和管理措施。

第一节　机场安全保卫区域的划分及安全保卫措施

一、机场分类及构成

民用机场，是指专供民用航空器起飞、降落、滑行、停放以及进行其他活动使用的划定区域，包括附属的建筑物、装置和设施。

1. 机场分类

按机场规模和旅客流量可将机场分为三种类型。
1）枢纽机场
是指在国家航空运输中占据核心地位的机场，这种机场无论是旅客的接送人数，还是货物吞吐量，在整个国家航空运输中都占有举足轻重的地位，其所在城市在国家经济社会中居于特别重要地位，是国家政治或经济中心。
2）干线机场
其所在城市是省会（自治区首府、直辖市）、重要开放城市、旅游城市或其他经济较为发达、人口密集的城市，旅客的接送人数和货物吞吐量相对较大。

3）支线机场

除上面两种类型以外的民航运输机场。虽然它们的运输量不大，但作为沟通全国航路或对某个地区的经济发展起着重要作用。

2. 机场的构成

机场作为商业运输的基地可以划分为飞行区、地面运输区和候机楼区三个部分。飞行区是飞机活动的区域；地面运输区是车辆和旅客活动的区域；候机楼是旅客登机的区域，是飞行区和地面运输区的接合部位。

1）飞行区

飞行区分空中部分和地面部分。空中部分指机场的空域：包括进场和离场的航路；地面部分包括跑道、滑行道、停机坪和登机门，以及一些为维修和空中交通管制服务的设施和场地，如机库、塔台、救援中心等。

2）候机楼区

候机楼区包括候机楼建筑本身以及候机楼外的登机机坪和旅客出入车道，它是地面交通和空中交通的结合部，是机场对旅客服务的中心地区。

（1）登机机坪。登机机坪是指旅客从候机楼上机时飞机停放的机坪，这个机坪要求能使旅客尽量减少步行上机的距离。按照旅客流量的不同，登机机坪的布局可以有多种形式，如单线式、指廊式、卫星厅式等。旅客登机可以采取从登机桥登机，也可以采用车辆运送登机。

（2）候机楼。候机楼分为旅客服务区和管理服务区两大部分。旅客服务区包括值机柜台、安检、海关以及检疫通道、登机前的候机厅、迎送旅客活动大厅以及公共服务设施等。管理服务区则包括机场行政后勤管理部门、政府机构办公区域以及航空公司运营区域等。

3）地面运输区

机场是城市的交通中心之一，而且有严格的时间要求，因而从城市进出空港的通道是城市规划的一个重要部分，大型城市为了保证机场交通的通畅都修建了从市区到机场的专用高速公路，甚至还开通地铁和轻轨交通，方便旅客出行。在考虑航空货运时，要把机场到火车站和港口的路线同时考虑在内。此外，机场还须建有大面积的停车场以及相应的内部通道。

二、机场安全区域的划分

通常，我们根据机场各部位的人员活动及管理情况，把机场划分为控制区和非控制区两个部分。

1. 机场非控制区

机场非控制区是指采取常规安保措施，由机场公安机关进行治安巡逻，允许社会公众及旅客自由进出的区域。非控制区的安保区主要包括油库、空管塔台、变电站、灯光站和能源中心，上述区域分别设置安全防护设施，实行封闭式管理和门卫制度，人员进入实行查验登记，其中油库一般由武警部队守卫。

2. 机场控制区

机场控制区是指根据安全保卫的需要，在机场内划定的进出受到限制的区域。根据《中华人民共和国民用航空安全保卫条例》的规定，机场控制区分为候机隔离区、行李分拣装卸区、航空器活动区和维修区、货物存放区等区域，并分别设置安全防护设施和明显标志，实行封闭式分区管理。具体包括：

1）候机隔离区

候机隔离区是指根据安全需要在候机楼（室）内划定的，供已经安全检查的出港旅客等待登机的区域及登机通道、摆渡车。在进入候机隔离区的通道设置安全检查点，进入的人员需持有有效乘机凭证或机场公安机关制发的有效通行证件，对其人身、物品进行安全检查。对候机隔离区实行封闭管理，对其他与隔离区相连的通道以门禁锁闭的形式进行控制。

2）行李分拣装卸区

行李分拣装卸区是指将进、出港行李按航班进行分拣、装卸和传输的场所和设施。在与行李分拣区相连的通道和电梯口设置安全检查人员值守点，进入的人员需持有机场公安机关制发的有效通行证件或民航局认可的其他有效证件，对其人身、物品进行必要的安全检查。

3）航空器活动区和维修区

航空器活动区是指机场内供航空器起飞、着陆以及与此有关的地面活动区域，包括跑道、滑行道、联络道、客机坪。航空器活动区实行封闭式管理，设置有全封闭的围界防护设施，航空器活动区实行全天候巡逻并设有固定瞭望哨，配备巡逻机动车。航空器活动区外围（围界通道）入口设有移动伸缩门，实行24小时人员值守。

进入航空器活动区的人员、车辆必须持有机场公安机关制发的有效证件或民航局认可的其他有效证件。进入航空器活动区的人员、车辆、物品必须接受安全检查。

4）货物存放区

货物存放区是指为处理货物而准备的地面场所和设施，包括货物大楼、仓库、停车场和有关的道路。货物存放区实行保安管制。货物存放区内部实施区域证件管理，进入货物存放区的人员、车辆必须持有有效通行证件。进入货物存放区的人员、车辆、出港货物必须接受安全检查或者采取民航局规定的其他安全保卫控制措施。进入货物存放区的人员必须接受安全检查。

5）抵达区

抵达区是指到达旅客交运行李提取厅。对抵达区实行封闭管理。进入抵达区的人员需持有机场公安机关制发的通行证件或民航局认可的其他有效证件。对其他与抵达区相连的通道实行门禁锁闭、人员值守进行控制。

6）航空器客、货舱

航空器客舱是指航空器承运旅客的舱位，航空器货舱是指航空器装载货物的舱位。

对航空器的客舱门实行安检监护，旅客凭盖有安检验讫章的登机牌登机，机组人员凭空勤登机证登机，其他人员必须持有机场公安机关制发的有效证件或民航局认可的其他有效证件才能登机。

对航空器的货舱装卸区，安检人员严格按照30米的范围实施监护，人员必须持有机场公安机关制发的有效证件或民航局认可的其他有效证件才能接近航空器。

7）国际联检区（仅限国际机场）

国际联检区是指海关、边检、出入境检验检疫联合检查的区域，包括国际出发联检厅、国际到达联检厅和旅客交运行李提取厅。

对联检区实行封闭管理。在进入联检区的通道设置查验，进入国际出发联检厅的人员需持有效乘机凭证、机场公安机关制发的通行证件或民航局认可的其他有效证件；进入国际到达联检厅的人员需持有机场公安机关制发的通行证件或民航局认可的其他有效证件。

对其他与联检区相连的通道实行门禁锁闭、人员值守进行控制。

三、机场控制区保安巡逻

1. 主要职能和责任

公安机关、安检机构对候机隔离区、通道、工作区等控制区域进行巡逻检查，防止无关人员在该区域内滞留，确保控制区域的安全。

2. 巡逻区域

控制区。

3. 巡逻时间

全天候对管辖区域巡逻。

4. 巡逻内容

（1）对巡逻区域内人员进行必要的证件检查、询问和控制，对可疑物品进行有效处理；

（2）查验工作人员是否持有机场公安机关制发的控制区有效通行证件或民航局认可的其他有效证件；

（3）发现异常情况和可疑物品及时报告上级领导和通知有关部门进行处置；

（4）检查各通道口是否有异常情况。

第二节　隔离区监控

对候机隔离区（简称隔离区）的监控即对经过安全检查等候上机的旅客进行安全管理以及对候机区域进行清理、检查。

一、隔离区监控的方法和职责

控制区的监控主要由安检机构实施。

二、隔离区监控工作的任务

隔离区监控的主要任务是对隔离区及登机通道的管理、清理和检查，禁止未经检查的人与已检人员接触或随意进出，防止外界人员向内传递物品，防止藏匿不法分子和危险物品，保证旅客和隔离区的绝对安全。

三、隔离区监控工作的程序

（1）上岗前，由带班员分配岗位，布置任务。
（2）上岗后，监控人员分别对隔离区各部位进行严密清场。
（3）清场完毕，按分工把守登机口、通道并在隔离区内巡视。

四、隔离区监控的要求

注意观察旅客动态，注意发现形迹可疑和频繁进出的人员。在旅客候机期间，应经常巡查隔离区，加强对重点部位的监控，发现可疑情况及时采取相应措施。

五、隔离区监控设备

机场候机楼中央监控系统由主控机房及若干副控机房以及众多摄像机组成。

对重点部位进行全天候重点监控和录像，其他部位为一般等级，进行全天候不间断监控。

第三节　门禁管理

一、门禁管理概述

门禁系统（Access Control System，简称 ACS），是指对出入口通道进行管制的系统。门禁系统是新型现代化安全管理系统，它集微机自动识别技术和现代安全管理措施为一体，涉及电子、机械、光学、计算机技术、通讯技术、生物技术等诸多新技术。门禁系统早已超越了单纯的门道及钥匙管理，它已经逐渐发展成为一套完整的出入管理系统，在工作环境安全、人事考勤管理等行政管理工作中发挥着较大的作用。

门禁系统是机场出入管理的重要技术手段，门禁系统主要集中在候机隔离区通道、工作区、机房等，通常采用门禁控制器和对讲系统组成。门禁系统与周界防范入侵系统、消防报警系统等构成一个机场大安防体系。

二、门禁管理的措施

（1）各驻机场单位在使用门禁系统时，必须服从机场安检机构的管理；

（2）使用门禁系统时，必须按规定的门禁系统授权区域通行，未授权者禁止通行；

（3）使用门禁系统（包括多人同时通过和门禁系统处于打开状态）时必须按规定验证或输入个人密码；

（4）通过门禁系统通道后必须及时关门；

（5）未经许可不得带人进出门禁系统通道或使用门禁电梯；

（6）使用门禁系统进入候机隔离区，携带的物品必须经过安全检查。

三、门禁的申请与授权规定

（1）申办单位根据持证人的工作需要，向机场安检机构提出使用门禁的申请；

（2）门禁授权范围是长期在机场控制区内从事为旅客提供服务、保障的工作人员；

（3）门禁的开通由安检机构或其他管理部门根据通行证的有效通行区域授予使用权限。

练习题

1. 简述机场控制区的概念和划分的区域。
2. 简述机场控制区各区域的概念和安保措施。
3. 简述候机隔离区监控的主要方法。
4. 简述门禁系统的概念和管理措施。

第八章　围界、道口与机坪管理

学习目的

了解围界管理工作的内容，掌握围界管理的相关规定，掌握机坪道口安全管理的作用，掌握机坪道口安全检查的程序，掌握机坪管理内容，掌握民用航空器监护工作的任务、方法，了解航空器区域监护的内容、优势和具体方法。

第一节　围界管理

近年来，随着空防安全形势的复杂化，国家对机场的安全防范制定了更加具体和细致的标准，如《民用航空运输机场安全保卫设施建设标准》《民用机场运行安全管理规定》等，十分详细地阐明了有关飞行区围界、通道、监控和报警系统等民用机场安保设施的建设标准。2009年7月1日起施行的《民用机场管理条例》，对机场的安全运营提出了更高的要求。对庞大的机场控制区域进行安全监控，建立有效的安全管理和防范机制，不断完善技防措施和安全防范体系，已成为提升机场安全管理水平的重要举措。

一、围界的定义

围界是将机场飞行控制区与外界隔离的一道空防安全屏障，通常由铁栅栏或铁丝网围成，它担负着保障飞行控制区安全的重任。机场设置围界是为了实行飞行区封闭式管理，是维持飞行区良好秩序的需要。

二、围界管理工作的内容

围界管理工作主要包括：检查围界是否自然破损、人为破坏，监督是否有人攀爬、翻越围界，检查应急通道及锁闭设施，检查是否有无证人员及车辆、可疑物品及活物、是否有人通过围界传递物品等内容。近年来，我国因攀爬、翻越围界导致的安全事故屡次发生，产生了严重影响。因此，确保机场围界的万无一失已成为空防安全工作的重要内容。

三、围界管理工作的手段

1. 围界管理的现状

我国大多数中小机场在围界安防方面，主要采取的是人防结合物防的手段，也就是设立简单的围栏或围墙，并辅之以人员巡视或定点岗哨的形式实现防入侵功能。

2. 围界管理的相关规定

根据民航局有关规定，年旅客吞吐量1000万人次以上的一类机场的飞行区围界应设立围界报警、视频监控系统。系统应能对围界入侵行为作出判断，对目标进行分类，应能在机场飞行和安全照明的环境下工作，应满足全天候运行的要求。

3. 围界管理理念的革新

随着信息化技术的不断进步、物联网的不断推广，机场的围界安防模式将朝着网络化、数字化、智能化及多技术手段相结合的综合安全方向发展。在倡导"科技兴安"理念的同时，应着力推进机场安全管理系统的建设，实现安全管理工作从事后到事前、从开放到闭环、从个人到系统、从局部到全局的转变，强调治标，更重治本。对整个机场的各种风险进行集约化管理，对存在安全管理隐患的环节进行评估，通过内部风险辨识，控制安全隐患。目前我国机场所采用的"信号驱动"围界安防技术，大多来自美国和以色列等国家。由于存在知识产权等方面的问题，造成"信号驱动"围界技术的综合成本相对较高,只有低成本围界防入侵技术才具备复制的价值。因此,一些经济实力相对较弱的中小型机场只能望而却步。

4."物联网"围界管理系统

机场围界防范系统由于其价格昂贵以及技术不太成熟等原因,还没有引起我国大多数机场管理者的足够重视。在国内某国际机场,由两万多个传感器节点构成的"物联网"飞行区围界防入侵系统,其智能化程度令人惊叹,不仅可以通过传感器节点探测出入侵者所在的区域,还能探测到入侵者的动作姿态,系统通过对这些信息的准确判别,分别采取不同的警告方式,但其造价过于昂贵,推广价值不高。国内部分高校、研究机构以及机场正在联合研发适合中国机场具体情况、价廉物美的机场物联网应用项目,相信在不久的将来会在全国推广。

5.围界管理的未来

最近几年,国内外发生过数起无业人员翻越机场围栏潜入飞机内部的事件,给空防安全造成了严重的威胁,潜在的不安全因素时刻在威胁着机场的空防安全,我们决不能存有丝毫的侥幸心理,应充分利用高新技术的防范手段构筑机场空防安全的天罗地网,实现围界管理人防、物防、技防的有机结合。通过对防入侵系统的实时监控,对机场围界安全实行24小时的动态跟踪。只有这样,才能从根本上改变国内机场围界安全防范工作的被动局面,全面提升机场飞行区围界安全管理的质量和水平。

第二节 机坪道口安全管理

一、机坪道口安全管理的作用

机坪道口作为机坪控制区与外部场区的交汇点,承载着人员、车辆及工具物料的进出及检查工作,是保证空防安全的重要关口。因此,道口安防体系建设,直接影响飞行区的运行保障。为应对各类不安全事件的发生,将安全隐患防控在飞行控制区以外,我国各民用机场正在不断创新,积极探索,积极运用科技手段,由单一管理走向主动防御,积极构建智能化道口运行和风险管理模式之下的新体系。

二、传统检查方法

传统的机坪道口安全检查方法是:人员和车辆进出道口,按正常操作流程核对证件、人员检查、车辆检查。全程只需一道关,工作人员便可进出控制区。机坪道口安检岗位对车辆进行防控的方式单一,单凭一道道闸对待检车辆拦阻,风险系数较高,并不能有效阻止车辆的冲卡、闯关行为。虽起到了控制,"防"守工作却比较被动。

三、目前的机坪道口安全检查手段

随着当前社会治安形势严峻,机坪道口不仅面临恐怖主义分子、外来人员、社会人员的潜入风险,外来物通过道口进入机坪的风险也较为普遍。基于目前传统机坪道口安全检查方法落后的现状,各机场积极探索安全检查的新技术、新方法。部分机场在机坪通道道口配备有钢制电动闸门、必要的照明设施和执勤岗亭,安装有X射线安全检查仪、安全门、手探和车辆检查仪等安检设备,重点的道口或车流量密集的道口,还安装有车辆防冲撞系统,在道口控制区设置缓冲区域,安装新型机坪道闸,并采取双道闸检查模式,道口安装高清视频监控系统和车辆底部检查系统。各机场正在不断加强机坪道口安检工作建设,创新举措、改进流程,以科技化、智能化技术为依托,朝着构建安保主动防御体系全力迈进,走出一条"智能民航"的发展道路并不遥远。

四、机坪道口安全检查的程序

1. 车辆安全检查的程序

(1)所有经航空器活动区围界相应通道进入航空器活动区的所有车辆均需接受安全检查;

（2）车辆承载的一般货物及物品均应通过安全检查；

（3）查验车辆驾驶员的场内驾驶证、车辆牌、照以及车辆通行证（悬挂民航专用牌照车辆除外）；

（4）按顺序检查车辆的驾驶室、车厢及装载的货物、车尾箱、车底盘、车顶，必要时可利用反光检查镜检查车辆底盘和车顶；

（5）对超大货物或航材等（指重量、体积X射线检查仪不能承受的货物）和无法用仪器进行检查的普通货物，由安检人员进行手工开箱（包）检查；

（6）对无法进入安检室接受检查的工具、物料等，由安检人员检查核对相关携带手续及车载工具物件。

2.人员安全检查的程序

（1）经由航空器活动区围界相应通道进入航空器活动区的所有人员均需接受安全检查；

（2）人员检查无误后，需待其驾驶车辆受检完毕后，方可开动车辆驶入机坪。

第三节 机坪管理

一、机坪管理的内容

机坪运行管理的内容包括航空器地面运行管理、机坪车辆运行及人员管理、机坪保障信息管理、机坪环境管理和机坪监管五部分。

二、机坪管理的意义

机坪是机场运行保障最为复杂的场所。它总是在一定的区域、相对集中的时间里汇集了航空器、保障车辆、保障设备设施，大量的旅客流、货物邮件行李流和大批活动的机坪工作人员。根据民航局《2014年机场运行典型不安全事件汇总》显示,从 2014 年 1 月至 11 月 24 日止,共发生机场典型不安全事件 49 起,其中就有 32 起是机坪运行方面的,占总数的 65.3%。因此,机坪运行管理既是整个机场运行管理中难度最大的,也是最能考验该机场运行保障管理水平和能力的一个重要方面。

三、机坪运行管理的特点

机坪是飞行区供飞机上下旅客、装卸货物或邮件、加油、停放或维修使用的特定场地。机坪运行有如下特点:
(1)机坪活动面积相对较小;
(2)机坪内活动车辆、人员较多;
(3)机坪作业有较强的时间限制;
(4)机坪工作环境相对较恶劣;
(5)机坪工作人员素质参差不齐;
(6)机坪保障作业系统性强;
(7)机坪内工作单位多,职责界线不明确,管理难度大;
(8)大机场机坪分属机场和航空公司,缺乏统一管理。

第四节 民用航空器监护工作

一、航空器监护的概念

所谓航空器监护是指对出、过港航空器在客机坪短暂停留期间实行安全监护和警卫。

二、民用航空器监护工作的任务

(1)负责对民用航空器监护区的清查监护,对出、过港民用航空器、经过安全检查的旅客及其手提行李实施监护。

（2）严禁无证、无关人员及车辆进入监护区域或无证、无关人员混入旅客行列登上航空器。

（3）防止武器、凶器、弹药、易燃易爆品、毒害品、放射性物品以及其他危害航空器、旅客安全的违禁物品带入监护区或带上航空器。

（4）注意发现可疑人员，防止劫、炸机分子强行登机进行破坏活动。

三、民用航空器监护工作的实施

为了确保监护工作的顺利进行，必须做好一系列准备工作：

（1）了解航班动态；

（2）召开现场工作准备会，分配各组任务，传达上级指示，提出要求和注意事项；

（3）准备并检查对讲机、警棍等现场工作用具，及时发放给监护工作人员；

（4）要检查着装。

四、航空器监护的范围、人员配务及监护时间

1. 航空器监护区的范围

以航空器为中心，周围30米。

2. 航空器监护的人员配务

航空器监护必须按岗位设置配备好监护人员：大中型航空器（载客100人以上）派2~3人，小型航空器（载客100人以下）派1~2人。岗位设置分别为客梯（登机桥）口、货舱口和周围巡视。

3. 航空器监护的时间

对出港航空器的监护，从机务人员移交监护人员时开始，至旅客登机后滑行时止；对过港航空器的监护从飞机到达机坪时开始至飞机滑离客机坪为止。

五、航空器监护工作的方法

（1）航空器监护人员应根据航班动态，按时进入岗位，检查起落架等容易隐藏物品的部位。

（2）航空器监护人员要坚守岗位，密切注视周围动态，禁止无关人员和车辆进入监护区，严格检查登机工作人员的通行证件，在旅客登机时，协助工作人员维持秩序，防止无登机牌的人员混上航空器。

（3）机组人员登机时，应当查验其空勤登机证。对其携带的物品，应当查验是否经过安全检查；未经过安全检查的，不准带上航空器。

（4）在出、过港航空器舱门撤离舷梯后，监护人员应退至安全线外，记录机号和起飞时间后，方可撤离现场。

（5）为严密监护程序，安检监护人员接受和移交航空器任务时，应与机务人员办理交接手续，填好记录，双方签字。

（6）航空器的清舱工作由航空器经营人负责；遇有特殊情况，经安检机构领导批准，安检人员亦可进行清舱。

六、航空器监护的重点

我国领导人、外国领导人或代表团及其他重要客人乘坐的航班，发现有重大可疑情况的航空器，上级通知重点监护的航空器都是航空器监护的重点。

七、登机梯口的监护

（1）认真检查地面工作人员和机组人员的通行证件，没有登机标志的，禁止登机。机组实有人数与任务书上人数不符的，要找机长核对清楚；不属执行本次航班飞行任务的空勤人员禁止登机。

（2）检查机组、工作人员携带的行李物品是否经过安检，未经安检的禁止登机。对故意携带违禁物品或拒绝接受检查的，交民航公安机关处理。

（3）旅客登机时，协助服务员维持好登机秩序，有可疑者，必须报告领导，查明情况并做好登记，排除疑点后方可让其登机。禁止工作人员与旅客同时登机。

（4）注意观察登机口周围情况，防止犯罪分子强行登机、劫机和炸机等破坏活动。

八、航空器监护区内车辆的检查

（1）检查进入监护区的各种车辆通行证、标志是否符合规定，防止无关车辆进入。

（2）检查车辆驾驶员有无进入客机坪的工作通行证件。

（3）监视工作车的工作情况，防止通过工作车向客舱传递未经安全检查的行李物品。

九、航空器区域监护

1. 航空器监护工作的现状

航空器监护作为机场空防安全的重要组成部分历来受到高度重视。目前，国内各大机场航空器监护的法规依据主要为《中国民用航空安全检查规则》及其指导性文件《中国民用航空安全检查工作手册》，均采用监护人员值守看护的人机对应单体监护模式。

2. 现行航空器监护运行模式存在的问题

（1）缺乏与机场实际运行相匹配的行业制度。《规则》和《手册》均为1999年发布执行，而各机场的管理模式、运行机制和空防安全理念均发生了巨大变化，现行制度与运行实际极不匹配。

（2）监护模式单一被动。人机对应监护模式是以单个航空器为中心，小区域、被动地进行哨岗式守护。这样，监护区域受到限制，监护人员无法对其他区域的安全状况进行监管。

（3）人力资源成本巨大。《规则》和《手册》要求："大中型航空器（载客100人以上）派2~3人，小型航空器（载客100人以下）派1~2人实施监护。"这意味着需要投入大量的人力资源成本才能够满足这一要求。

（4）实际运行无法达到要求。随着航空业的迅速发展，机场客流量和航班量的急剧上升，监护人员配备严重不足，已不能符合《手册》相关规定。在实际运行过程中，国内各大机场均无法满足这一要求。

3. 航空器区域监护的提出

那么，应该如何做到既合理科学地完成航空器监护任务，又充分利用人力、物力资源的最大效能保障空防安全呢？国内部分机场经过深入调研、大胆论证和实地演练等多种方法摸索后，创新性地提出了航空器区域监护的全新理念。

4. 航空器区域监护的内容

航空器区域监护指的是根据机坪面积、机位布局和风险程度实行分区管理，监护人员对执行飞行任务的航空器在相应区域短暂停留期间，采取定点检查和巡视检查相结合的方法，防止未经检查的人员、物品和车辆接近监护区域、进入航空器。

5. 航空器区域监护的优势

实施航空器区域监护模式，可以实现空防安全系统化管理、安全关口前移、落实风险控制、提高监护质量和节约人力资源等多种好处。实践证明，实施区域监护模式，便于机场将机下监护、机坪巡逻、视频监控以及机坪应急处置有机地结合在一起，构建对航空器实施远距离、中距离、近距离、机坪应急处置相结合的立体监护模式，组建起一张全方位、快速、主动的航空器监护网。

6. 航空器区域监护的具体方案

根据机坪总体布局，综合考量了区域特点、安全风险、防范难点，以及监护人员的实际可控范围，经分析论证和反复测试演练，将机坪划分为若干个监护区域。根据各区域地理位置、周边环境、航班停靠密度和风险防范等情况，科学设置岗位，明确各区域的监护要点和监护方式。同时，还加大区域监护所需的设备设施投入，配备机动车等交通工具，方便对监护区域的不间断巡视；增配夜视装备，便于夜间航班监护及时发现各类可疑情况。

航空器区域监护作为一项新生事物，难免存在问题和漏洞，各机场在运

第八章 围界、道口与机坪管理

行过程中可以不断总结经验、优化流程、完善特殊情况下的保障体系、推动建立全方位、立体化的安全防控机制等措施，持续做好航空器区域监护的各项工作，为确保机场飞行区的持续安全、顺畅、平稳运行奠定基础。

练习题

1. 简述围界管理的相关规定。
2. 简述围界管理的发展趋势。
3. 简述机坪道口安全管理的作用。
4. 简述机坪道口安全检查的程序。
5. 简述机坪管理内容。
6. 简述民用航空器监护工作的任务、方法。
7. 简述航空器区域监护的内容、优势和具体方案。

安检管理

第九章　安检现场管理

> **学习目的**
> 　　了解安检现场工作的概念和作用，掌握安检工作的组织原则和管理制度，了解建设 SeMS 体系的目的以及与民航安全检查工作的关系，了解 SeMS 系统的主要内容，了解安检信息系统的特点，掌握安检信息系统的组成及主要功能特点。

第一节　安检工作的管理与组织

一、安检现场工作的概念和作用

1. 概念

安检现场工作就是为完成安全检查任务而进行的相关组织、保障和协调工作。

2. 作用

安检现场工作是安检工作的一个重要环节，现场工作组织和实施的好坏，直接关系到安全检查工作能否顺利有序地进行。

二、安检现场工作的组织原则

（1）安检机构在安排各项工作中，要以现场工作为中心，兼顾教育、培训和学习。

（2）现场工作的组织和实施，应当采取分级指挥、分级负责的方法，使各级职、责、权分明。

（3）组织现场工作应当以科（队）、组等建制单位安排，便于领导和协调。

安检机构各单位应当结合自身担负的任务，制定正常情况和特殊情况现场工作方案，作为实施现场工作和处置情况的依据，时刻做好转入紧急情况的准备，以应付各类突发性事件。

（4）组织现场工作应当把工作程序作为一个整体，合理使用工作人员，安排组织好上班、下班和交接，保持现场工作的连续性。

（5）安检机构应当加强与航空公司、联检单位[1]等单位的联系配合，制定协同方案，互相支持。确保检查、监护、管理等各项现场工作的顺利进行。

（6）安检机构在现场工作实施过程中，应当做好检查仪器、通讯器材、现场工作用品、机动车辆的保障工作。

三、安检现场工作的实施要求

（1）安全检查现场工作的程序包括准备、实施和善后三个阶段。

（2）安检机构值班领导应当根据航班动态和工作人员，制定现场工作方案，分配现场工作任务。安检各岗位工作人员应于当日第一个航班起飞前与值机部门同步到达现场。

（3）安全检查开始前各部门应当做好各项准备工作。对候机隔离区进行清场，做好X光安全检查仪、安全门和手提金属探测器的调试工作以及其他检查用具的准备工作。

（4）安检机构各级领导应当检查各岗位人员的在岗情况和准备工作的落实情况，跟班作业，直接掌握检查情况，领导和指挥现场工作。

（5）安检机构各岗位工作人员，必须认真落实各项现场工作，严格执

---

1 国际航班联检单位是指我国设在对外开放机场、对出入境飞机、人员、货物、行李物品、邮件等，依据有关法律、法规进行各项检查、检验及负责保障工作的各有关单位。它包括：公安边防检查部门、海关总署驻机场海关部门、出入境检验检疫部门、民航机场安全检查部门等。此外，还有地方公安机关的出入境管理机关，民航运输国际值机部门以及负责协调联检各单位工作的政府口岸管理机构等。

行岗位责任制,做到熟悉现场工作方案,明确自身任务。各部门应当定人、定位、定任务、定责任。

(6)安检工作中发生、发现的各种情况和问题,应当按分级处理的权限进行处理。遇有紧急情况或突发性事件,应当按照特别工作方案处置。

(7)安检各部门应当做好现场工作交接,由部门负责人具体组织实施,并监督交班情况,防止发生漏洞。航班结束时,各级部门应当做好现场工作的各项善后工作。关闭、锁好各种仪器、设备,清点、存放检查器材、执勤用具,打扫卫生。上报现场工作中发生、发现的问题、数字和处理结果;做好执勤情况的整理、登记、归档工作。

四、安检现场工作的组织

(1)安检机构值班领导统一领导、指挥、协调各项工作,监督、检查各项现场工作的组织和实施,处理现场工作中发生的各类问题。

(2)安检机构办公室或其他运行管理部门协调各现场工作部门的工作,上报情况或下传各项指示。

(3)安检机构各现场部门负责各现场工作组的编制,组织各班组之间的上班、倒班和现场工作实施等各项工作,准备、调试和使用安全检查仪器,及时处理和上报安全检查现场工作中发生的各类问题。

(4)监护部门组织对航空器和客机坪的各项监护工作,并监督和检查监护现场工作的执行情况,负责与其他现场工作单位的工作联系,及时解决在监护现场工作中发生的问题。

(5)承担调研工作的相关部门负责收集国内外与空防安全相关的信息,确定重点检查对象。

(6)设备、设施管理或维护部门负责安全检查设备、设施的维修和保养工作,及时排除故障,保证一直处于良好状态。

五、安检现场工作管理要求

1. 加强巡查、督促

带班人员要加强检查、督促,及时纠正现场工作中存在的问题。安检各部门应当建立值班室,根据航班动态安排值班。掌握上报和处理现场工作中发生的重大问题。

2. 做好现场工作记录

航班结束,详细填写各种执勤登记表并整理归档,按期上报。执勤日记记载上级的命令、指示、通知和执勤情况、部署调整以及发现的问题、处理的结果等。

3. 落实工作研究

研究内容主要是有关业务文件、上级指示和通知、当前空防安全形势及异常情况、工作中的经验与教训。

4. 提高保密意识

安全检查人员应当严守秘密,除应严格遵守国家工作人员和公安人员的保密规定外,根据安全检查的情况,还应当做到:不在外国人、外部人员面前谈论安全检查的具体情况,不准将内部文件、资料带到执勤现场,加强对执勤文书、表册等资料的保管,以防丢失。

第二节 SeMS 体系管理

一、SeMS 体系概述

1. SeMS 体系的定义

航空安保管理体系(Security Management System,简称 SeMS)是在安全理念、系统安全理念、过程管理理念、威胁评估和风险管理方法、人为因素以及航空安保文化的基础上,对原有的管理方法进行系统化的整合。内容包括安保政策、安保目标、安保策划、组织机构、职责与权限、资源配置、威胁评估、危险识别、风险评价、风险缓解、文件及控制、信息与沟通、能力与培训、质量控制、应急响应等要素。SeMS 体系采用闭环管理模式(简称

PDCA），即策划（Plan）、实施（Do）、检查（Check）、处置（Action）等四个环节，使体系各要素分四个阶段按顺序有效运行。

闭环管理模式中的P（Plan）就是指策划，是根据法律法规的要求和组织的政策，为航空安全保卫工作建立必要的目标和过程；D（Do）就是指实施，是按照策划结果全面实施，以实现策划目标；C（Check）就是指检查，根据政策、目标和法律法规要求，对过程进行监测，并报告结果；A（Action）就是指处置，采取措施，以实现持续改进和自我完善。"PDCA"方法可适用于航空安保管理的所有过程，使其形成闭环，实现持续改进和自我完善，也适用于SeMS各要素有效运行和自我完善的过程。

航空安保管理体系（SeMS）是系统管理航空保安的方法和手段。通过保安政策和目标策划保安管理各要素，建立组织结构，以信息为驱动，以威胁评估和风险管理为基础，分析并建立保安过程配置相应资源，实现从事后到事前，从个人到组织，从局部到系统的保安闭环管理，整合与完善组织管理，提高运行管理效率。

2. 建立SeMS体系的目的

根据中国民航安全生产"十一五"规划，中国民用航空局在2010年将SeMS建设纳入SMS（安全管理体系）建设计划，全面建立符合国际民航组织要求并适合中国国情的民航安全管理体系。SeMS建设，必须对安保资源进行统筹管理，并在SMS建设基础上，结合机场工作实际，探索建立包含各要素的安保管理体系，使安全监察工作制度化、规范化，做到有章可循、有规可依，推动航空安保从事后到事前、从开环到闭环管理模式的落地。

3. SeMS的特点

航空保安管理体系要建立组织体系、目标体系、风险管理体系和应急体系，这四大体系形成了航空保安工作的运行体系。在形成组织体系和目标体系时，需要系统观点来构架。在进行风险管理时，需要用系统的观点对威胁和危险源进行分析，判断其对安全体系的影响，是否会突破我们的安全防护网，或者是否会减弱我们的安全防护网。系统观、质量观、威胁分析、风险管理和趋势管理是SeMS的最大特点。

二、SeMS 体系与民航安全检查工作

1. 航空安保管理体系框架

建立和实施 SeMS 是安检机构应对严峻的空防安全形势的必然要求。根据民航局相关文件要求，安检机构可以确定以组织保障、目标管理、质量控制、风险管理 4 个子体系和应急管理、威胁评估、岗位认证及培训制度为主要章节的航空安保管理体系框架，并编制《安检机构 SeMS 管理手册》。

2. 质量控制体系

质量控制子体系建设是安检机构 SeMS 的特色工作之一。安检机构致力于管控系统的完善和操作标准的规范化建设，实现了与国际民航先进质量管控标准的全面接轨，并形成了两级专职质量监察队伍。

3.《岗位操作手册》

经过整合的《岗位操作手册》是安检机构 SeMS 建设的第二个特色。《岗位操作手册》共涉及旅检、货邮、特检等 12 个业务环节，覆盖公司全部业务和岗位。

4. 风险管控机制

风险管控机制的建立工作是机场 SeMS 建设的核心内容，也是安检机构 SeMS 建设工作的第三个特色。安检机构可以通过制定《安全风险管理制度》，对各级风险管理、评估机制和环节进行系统规划；通过制定《风险识别、评价与控制策划程序》《安全风险控制减缓作业指导书》，将安全风险的控制和减缓作为风险管控机制的重点。同时，可以成立安检机构、中层管理机构组成的风险管控领导组、评估组，可以开展由安检机构各级管理人员和一线骨干员工共同参与的风险评估工作，并本着"持续措施监察、落实闭环管理"的理念开展安全风险的后续控制及减缓工作。

三、SeMS 的主要内容

SeMS 主要分为组织保障体系、目标管理体系、威胁和风险管理体系、运行管理体系等四大体系。组织保障体系包括了组织结构、职责与权限、资源配置等要素。目标管理体系包括保安政策、保安目标、保安策划、绩效监测、管理评审五个要素。威胁和风险管理体系包括威胁评估、危险识别、风险评价和风险缓解四个要素。运行管理体系包括文件和控制、信息和沟通、能力和培训、质量控制和应急响应等。

1. 组织保障体系

1）组织结构

机场为了达成一个特定的目标而划分为不同的管理部门，机场主要负责人对本单位的航空安保工作全面负责，设置至少一名主管航空安保的高层管理人员直接向主要负责人报告，对航空安保管理体系和航空安保绩效负责，并有能力为实现航空安保目标配置航空安保资源；设立独立的航空安保质量控制部门向主管航空安保的高层管理人员负责，承担质量控制职责。

2）职责与权限

机场各部门为了实现其功能必须划分不同的职责和权限，并且要有利于总体目标的实现。在设定各部门的职责权限时，应当赋予各岗位与其职责相适应的人力、物力、资金和信息等资源。

3）资源配置

为了实现各部门功能，还需配置相应的资源，航空安保资源的配备应当充分考虑航空安保运行中人的因素，机场应当确定航空安保的关键岗位，如分管航空安保的高层管理人员、质量控制人员及安保人员，并规定其任职资格。

2. 目标管理体系

1）安保政策

机场安保政策应当包括法律、法规的要求，企业社会责任，航空安保相关者的利益，企业现实的和可接受的安保水平，"安全第一、预防为主、综合治理"的方针，积极的航空安保文化，总体安保目标，为有效的安保管理提供的必要资源，关于各级部门的安全责任和问责办法的政策。安保政策应当是由管理者批准、由最高层管理者授权发布并传达到全体员工的一份书面文件，是高层管理者对航空安保做出承诺的具体体现，此类安保政策的另一种表达方式是首席执行官对保持最高安保标准做出承诺的声明。

2）安保目标

安保目标是与可接受的安全保卫水平相关的量化目标，一系列不同的绩效指标比单一指标更好地体现了企业可接受的安保水平。机场可以采用签订责任书和安保协议的形式，根据各部门的职责分工和管理方式将安保目标分解到每一个岗位或每一个提供安保相关服务的合约方。

3）安保策划

管理学中，策划是管理的首要职能，一切与航空安保工作相关的内容都需要有效的策划，为了实现对于航空安保的承诺，最高管理者必须进行一系列的策划工作，包括致力于实现什么目标、如何实现这些目标、为实现这些目标开展哪些必要的活动、有哪些必需的过程、建立何种形式的组织结构、需要提供哪些资源、需要通过哪些手段以保证 SeMS 的良好运行等。

4）绩效监测

绩效监测是企业对安保运行中的相关信息进行收集和统计，并在统计的基础上进行原因分析和趋势分析，统计的信息应当包括安保目标或分解目标的实现情况、安保事件数量、违规及其他不安全操作次数、发现问题的处理率和处理效果、设施设备保障情况、安保事件的响应情况等。

5）管理评审

管理评审的内容包括现有航空安保政策的适用性、安保目标的制定和更新、现有风险缓解控制措施的有效性、安保组织机构及职责与权限分配的合理性、安保资源的充分性、安保信息相关过程的有效性、近期安保绩效、运行环境变化、安保管理体系改进的需要。管理评审的目的是总结航空安保工作的业绩，从中找出与预期目标的差距，从而明确改进方向。管理评审的结果应包括对安保管理体系以及过程改进的决策或决定，对安保政策、安保目标和指标变更的决策或决定，对安保组织机构、资源需求的决定，未来安保绩效监测的重点等。

3. 风险管理子体系

1）威胁评估

所谓威胁，是指对航空运输安全和效率造成损害的可能或现实的外部因素，机场应指定专人或部门负责对面临的外部威胁进行评估，并形成威胁评估程序，定期或遇有特殊情况时，启动程序。评估结果表明本单位确有可能遭受袭击时，应进一步启动危险识别和风险管理程序，以应对威胁的增加，同时启动信息报告程序，将威胁评估结果向上级主管部门报告。

2）危险源识别

所谓危险源，是指安保防范系统存在的薄弱环节和易受攻击的部位，机场应当建立程序，定期开展危险源辨识工作，以对其防范能力进行客观评价，查找防范体系中的薄弱环节。

3）风险评估

风险是安保事件发生可能性和后果严重性的综合，风险可划分为可以接受、需采取措施或者不可接受的风险，职能部门需以此为依据定期或不定期向主管领导提交风险评价报告。

4）风险缓解

风险缓解是指为了降低风险水平，使之达到可接受的程度而配置的人力、物力资源和采取相应的活动，机场应规定对风险缓解措施的实施情况及结果进行评估，并及时根据评估结果调整方案或重新启动危险源识别程序。

4. 运行管理体系

1）文件及控制

SeMS 体系要求形成一套文件以规定各项运行和管理措施的实施程序和应达到的标准，包括形成记录以实现可追溯性，对文件应进行各种控制活动以保证文件的持续有效和适宜。

2）信息与沟通

航空安保信息的有效沟通是安保系统良好运行的基础，也是威胁评估和风险管理的必要条件。机场应充分重视安保信息管理工作，保证 SeMS 和安全保卫系统的运行以及威胁评估和风险管理工作；机场应建立向公众或新闻媒体发布航空安保信息的程序并指定专人负责。

3）能力与培训

航空安保培训的目的是确保安保人员具备充分的技术和能力胜任其承担的安全保卫职责，也使所有工作人员具有良好的航空安保意识，培训也是建设积极的航空安保文化的一种重要手段和形式。

4）质量控制

质量控制的手段包括检查、考察、审计、测试，其目的是及时发现安保运行中出现的偏差，及时采取纠正措施避免导致严重后果的发生，并保证各项安保措施的符合性和有效性。

5）应急响应

应急响应是为了减少事故发生后的损失而在事故发生或可能发生时采取的措施，范围包括非法干扰行为以及可能影响航空运输安全和效率的其他行为。

第三节　安检信息化管理

一、安检信息管理系统的建设背景

"空防安全责任重于泰山"，这是世界民航业用鲜血和生命换来的理念，特别是"9·11"事件之后，加强机场安全防范能力，提高安检工作的有效性就显得尤为迫切。

作为机场安检工作的核心，安检信息管理系统在提高安检质量，规范安检管理，预防劫机、炸机事件的发生，保证空防安全方面具有突出的作用。

二、安检信息系统的特点

安检信息系统的开发和应用，使传统的手工和简单机器检查向信息化、网络化的安检方式转变。

1. 查询信息快

安检信息系统的最大特点是充分利用网络多媒体技术，存储、处理通过安检的旅客及其行李图像等信息，一旦出现劫机、空难等突发性事件，只需数十秒就能准确提供任何一个航班、任何一名旅客的安检信息资料。

2. 将空防安全与治安防范相结合

该系统的布控人员资源管理程序可以查堵全国公安部门布控的各类犯罪嫌疑人。

3. 使安检管理更加科学化

由于该系统利用刷卡上岗和计算机科学管理，在记录旅客信息的同时，也自动记录了每个工作人员的在岗情况和现场工作记录，对提高安检人员的责任心有很大的促进作用。

4. 可以进行多系统结合

该系统在应用时与离港管理系统、监控系统等系统相配合，使旅客进入候机厅，就进入了安全系统的检查视野。

三、安检信息管理系统的架构

1. 安检信息管理系统的总体架构

系统以集成为核心，以离港旅客安检业务流程为主线。系统通过各模块采集旅客离港信息、旅客证件信息、旅客肖像、旅客安检信息、行李 X 射线仪图片、可疑行李开箱检查信息、航班动态和时钟同步信息；通过排班管理、登录验证等记录安检人员岗位信息；通过输入手段管理布控数据。

采集到安检信息后，建立安检信息集成平台，用于安检信息综合管理和安检生产。实现对旅客、行李、监控视频、开包日志、布控等安检信息的管理；并能够实现对安检员工资料管理、有效日志管理、旅检现场资源与岗位人员管理等。

2. 安检信息管理系统的层次架构

系统基础支持层由供电、桥架、接地、网络综合布线系统和服务器集群系统/数据库系统组成，该层构架出系统运行硬件平台。

信息采集层通过各接口采集航班信息、旅客信息、行李信息、员工信息等，存储到数据库服务器，成为系统运行的数据基础。

信息管理层完成对安检信息业务数据的管理维护，实现对员工资料、人员排班等的管理维护。

信息服务层实现对旅客的安检验证、信息综合查询等功能，包括验证检查、开箱检查、旅客安检状态再次确认、安检数据的查询统计、报表生成等功能。这是系统的核心业务模块。

系统从网络架构安全、病毒入侵防护、系统权限管理等方面实施安全保障。对设信息采集点的设备进行监控，对系统进行故障诊断和预警、操作权限管理及日志管理。

3. 系统网络方案

安检信息管理系统的网络系统作为一个独立的虚拟子网（VLAN）纳入机场运营数据主网。由机场运营数据主网提供安检信息管理系统所需的交换机、路由设备、防火墙、远程访问设备等，系统承包商承担了系统的网络需求、流量分析和端口节点等与系统相关的具体网络设计责任。网络承包商将充分考虑安检信息管理系统建设所提出的应用要求进行机场运营数据主网的结构设计、路由配置、VLAN 划分、安全策略部署和设备安装等工作。

系统使用 TCP/IP 协议，通过统一的通讯端口与航班信息集成系统、旅客安全信息系统、时钟信息系统、交运行李安检分层管理系统等连接，进行信息交换。

四、系统组成及主要功能特点

整个系统由人工验证（国内）/自助验证（国际）工作站、X 射线仪工作站、开箱工作站、现场管理工作站、综合查询工作站、监控管理工作站、设备管理工作站、离港数据采集模块、接口服务器、数据库、图像服务器及网络部分组成。

1. 验证工作站（人工／自助）

用于采集储存旅客身份证件信息、旅客肖像信息以及登机牌信息，进行旅客身份验证，同时与布控查控人员信息比对并报警。

2. X 射线仪工作站

用于对随身行李的安全检查，记录操作员登录／登出信息，图像判读，自动图像存储，记录通过的行李数，设备使用记录，在岗考核等功能。

3. 开箱工作站

用于显示开箱行李图像、旅客信息，记录开箱结果、人身检查结果以及爆炸分析仪检查行李结果等。

4. 现场管理工作站

用于安检工作人员的排班、在岗考核、各种数据查询以及事务处理功能。

5. 综合查询工作站

用于综合查询、维护各种信息、对安检工作人员现场考核以及突发事件决策分析等。

6. 监控管理工作站

用于对所有工作站的操作系统、服务器、数据库、系统性能监控管理。

7. 设备管理工作站

用于安检设备的管理（远程诊断、维护）、安检图像管理以及各种查询。

8. 接口服务器

接口服务器主要安装了航班信息接口、离港信息接口、交运分层管理接口、时钟系统接口以及 CCTV 接口等软件，系统采用互为冷备，从而保证了安检信息系统与机场其他系统之间的信息交互。

9.数据库、图像服务器

数据库、图像服务器分别用于存储旅客的安检信息和旅客随身行李安检机的图像信息。

五、安检信息管理系统的局限性

安检信息管理系统建立主要是对旅客安检全过程的信息记录,通过记录的信息进行信息相关的对应,因此,实现旅客各种相关信息的对应是关键环节。由于技术局限,目前随身行李图像的"人包对应"都采用时间模糊匹配的方法,简单来讲就是将特定通道、特定时间段的图像与特定的旅客建立对应关系,如要准备确认包裹行李时,要调取现场通道中央管控辅助完成。在实际使用过程中,存在着查询效率低、包裹对应慢的问题。为解决一一对应的问题,利用旅客登机牌条码技术是将来有可能采用的方法。但需要在X射线仪前端增加条形码阅读设备,当旅客行李进入安检机前需要人工扫描旅客登机牌,从而建立图像与旅客对应关系。但实际使用中会增加行李安检的时间。相信随着技术的发展,会有更为先进的识别对应技术会代替这种人工辅助识别。我们期待着这一技术早日实现,使安检信息管理系统更为完善。

综上所述,目前的安检信息管理系统还存在诸多的不足,因此,在安检信息管理系统的基础上,一些机场正在探索机场智慧型安保模式。

六、机场智慧型安保模式

所谓机场智慧型安保模式,就是以构建数字化、网络化、智慧机场为目标,全面探索大数据在民航安检人防、物防、技防等领域的应用,逐步打造智慧型数据化的安检,实现管理经验化向精细化、科学化的发展。

1.机场智慧型安保模式首先要建立安检大数据平台

安检机构可以将安检信息系统收集的各个时段的旅客人数、离港信息系统、航班数、X射线仪检查行李数等数据进行采集,根据收集到的数据,形成安检大数据平台。

2. 数据平台要贴近一线，为管理层决策提供科学依据

应该将数据来源划分主次，以安检信息系统、X 射线仪系统和各科报送的数据为主，门禁系统、监控系统等相关数据为辅，使数据平台达到贴近一线、服务一线的目标。基于安检数据大平台，形成各时期的分析报告，为管理层决策提供依据。

3. 突出应用，通过科学分析，可以全力提升管理效能

数字化信息是明确形势、准确判断、科学运行和合理规划的基础。安检机构可以在信息平台所采集的数据基础上及时进行数据的对比和理性分析，为科学决策提供理论依据。

4. 推动安检数据共享

利用大数据技术构建信息技术核心平台，为建设信息化、智能化的民航安检提供技术支撑。

随着信息化时代的到来，安检信息化建设和信息化管理必将大有可为，前景广阔。

练习题

1. 简述现场工作组织的原则。
2. 简述安检现场工作管理制度。
3. 什么是 SeMS 体系？
4. 简述 SeMS 体系与民航安全检查工作的关系。
5. 简述 SeMS 的主要内容。
6. 简述安检信息系统的特点。
7. 简述安检信息管理系统的组成及主要功能特点。
8. 展望安检信息化管理的未来。

第十章　安检机构人力资源管理

> **学习目的**
>
> 了解安检机构人力资源管理的内容，了解安检制度的概念和作用，掌握安检管理制度的内容，掌握安检职业道德的基本要求，掌握安检人员心理素质的要求，掌握安检人员业务素质的要求。

第一节　安检机构人力资源管理概述

一、人力资源管理的概念

人力资源管理，是指在经济学与人本思想指导下，通过招聘、甄选、培训、报酬等管理形式对组织内外相关人力资源进行有效运用，满足组织当前及未来发展的需要，保证组织目标实现与成员发展的最大化的一系列活动的总称。

对民航安检机构而言，人力资源管理就是要预测安检机构人力资源需求，作出人力需求计划，招聘选择人员并进行有效组织、考核绩效、支付报酬、有效激励，并结合安检机构与个人需要进行有效开发以便实现最优组织绩效的全过程。

二、人力资源管理的内容

学术界一般把人力资源管理分为八大模块或者六大模块，其中包括了人力资源规划、招聘与配置、培训与开发、绩效管理、薪酬福利管理、劳动关系管理等内容。

民航安检机构人力资源管理是指根据安检机构的要求,有计划地对人力资源进行合理配置,通过对部门中员工的招聘、培训、使用、考核、激励、调整等一系列过程,调动员工的积极性,发挥员工的潜能,为民航企业创造价值,给民航企业带来效益,确保安检机构战略目标的实现,是安检机构的一系列人力资源政策以及相应的管理活动。这些活动主要包括企业人力资源战略的制定、员工的招募与选拔、培训与开发、绩效管理、薪酬管理、员工流动管理、员工关系管理、员工安全与健康管理等。

三、民航安检机构人力资源管理面临的挑战

目前,民航安检机构在人力资源管理方面存在的主要问题有以下几个方面:现代企业管理制度和公司治理结构尚在构建与完善当中,尤其是员工队伍规模不断扩大,安检机构面临着人才储备与培养和其发展步伐不相适应的问题,组织内部管理水平有待提高,安全运行保障控制风险较大,基层员工满意度有待提升,员工流动性大,工作主动性与积极性调动困难。这些问题成为企业人力资源管理亟待突破解决的问题,也对民航安检机构的人力资源管理提出了挑战。

第二节 安检人员的制度管理

一、安检制度的概念和作用

安检制度是安检机构为加强对安检工作的管理而制定,并按一定程序完成安全检查工作的规定性文件,是安检机构实施管理的依据,所有安检人员必须共同遵守。

二、安全目标责任制度

（1）安检机构应当结合实际情况，制定年度安全目标和实现安全目标的具体工作方案。

（2）安全目标责任应定人、定位、定任务，做到分工清楚、任务明确、各负其责、奖惩分明。

（3）安全目标主要包括：杜绝因安检原因造成劫机、炸机等严重危害航空安全的事件，杜绝因安检原因危及航空运输安全，杜绝因安检原因造成航空器损坏。

三、领导值班制度

（1）安检机构实行领导分级值班制度。一般可分为安检机构、安检科队、安检班组三级领导值班。

（2）安检机构值班领导应当坚持现场值班，指导、监督、检查、协调现场安全检查工作，解决安检工作中发生的重大问题。

（3）安检科队值班领导应当坚持跟班，具体组织、实施、指挥安全检查工作。

（4）安检班组值班领导应坚持在第一线带班，按照上级的要求同本班组安检人员一起做好各项现场工作。

四、请示报告制度

（1）安检人员在一般情况下遇到超越处理权限的问题时，必须及时向上级领导请示后方可处理。

（2）通常情况下，请示应逐级进行；遇有重要情况和重大涉外问题以及突发情况可越级报告，但事后应当报告直接领导。

（3）遇有强行登机、劫机以及发现爆炸物等特别紧急情况，来不及请示报告时，应当根据当时情况和预案，果断予以处置，但事后必须及时逐级报告。

（4）上报情况应当包括时间、地点、人物、事件情况、处理结果。

（5）下级向上级请示报告问题时，应当提出自己的处理意见。

（6）请示报告必须做出详细记录，重大问题做出专题报告。

五、会议制度

（1）安检机构应当定期召开业务会、总结会、研讨会，必要时随时召开。

（2）业务会主要是讲评上一周工作，布置本周工作。

（3）总结会主要是总结阶段性的工作，分析存在的问题及原因，提出解决办法。

（4）研讨会主要是围绕安全检查工作中的某个方面或根据当时敌、社情或工作中发现的新情况，就如何加强工作进行深入研讨。

六、交接班制度

（1）交接班应当同级对口书面交接。

（2）交班的主要内容：上级的文件、指示，执勤中遇到的问题和处理结果，设备使用情况，遗留问题，需要注意的事项。

（3）接班人员应提前到达现场，办理接班手续。交班人员在接班人员到达值勤岗位后方可离去。

七、点名、讲评制度

（1）安检机构实行上班点名和下班讲评制度。

（2）点名和讲评由安检科队值班领导组织实施。

（3）点名的内容包括：检查安检人员到岗情况；检查安检人员着装情况；传达上级文件和指示；按照航班预报合理安排现场工作，提出工作要求。

（4）讲评的内容包括：检查安检人员在位情况；小结当天执勤情况；表扬好人好事，批评不良现象；对下一班现场工作提出具体要求，对工作中发生的问题及时上报。

八、物品管理制度

（1）物品管理包括对旅客、货主暂存、自弃和遗留物品的管理。

（2）物品管理应由专人负责，并建立台账。

（3）禁止旅客随身携带但可作为行李托运的物品以及限量携带物品的超量部分，在来不及办理托运手续或移交机组时，可作暂存处理。安检人员应给物主开具暂存物品凭单，并及时交专人统一保管。

（4）对旅客、货主自动放弃的物品应当统一登记造册，记录收到物品的时间、地点、数量及型号。

（5）发现旅客、货主遗留在安检现场的物品，应当由两名以上安检人员共同清点和登记，并及时交给专人保管。贵重物品及时报告值班领导，尽可能地寻找失主。

（6）对旅客暂存、遗留的物品，在30天内无人认领的，应当统一登记造册，交民航公安机关处理。

部门应建立现场工作登记制度，当班现场工作结束后，由专人负责记录当班执勤中发生的情况及处理结果，并定期将各类现场工作资料整理归档，按期上报。

各现场工作科、队应建立执勤日记和仪器设备使用情况的台账记录，主要记载上级的命令、指示、通知、执勤情况、航班动态、现场工作部署以及发现的问题、发生的差错及执勤中的好人好事等，仪器设备情况主要记录使用时间、故障情况等。

九、安检业务用章使用管理制度

（1）安检业务用章包括验讫章和免检章。

（2）验讫章实行单独编号、集中管理，落实到各班（组）使用。免检章由专人管理，由安检机构值班领导决定使用。

（3）验证人员在核对旅客的身份证件、机票和登机牌无误后，在登机牌正联、附联各盖验讫章，并做到印迹清楚，不漏盖、错盖。

（4）对按规定免检的人员，应在核对其免检介绍信、身份证件、机票和登机牌无误后,在其登机牌正联、附联各盖免检章;对随同的非免检人员按规定检查后盖验讫章。

(5)安检业务用章不得带离安检现场,遇有特殊情况需要带离时,必须经安检机构值班领导批准。

(6)安检业务用章丢失或被盗,应当立即报告。

十、仪容仪表管理制度

(1)安检人员执勤时必须按规定着安检制服,并遵守下列要求:

① 按规定缀订、佩戴安检标志、领带(领结)、帽徽、肩章。

② 按规定配套着装,冬、夏制服不得混穿。短袖安检服上衣应与夏季安检裤(裙)配穿。

③ 换季时着装和换装时间,由各安检机构统一规定。

④ 应当穿着黑色、深棕色皮鞋。

⑤ 着装应当整洁,不准披衣、敞怀、挽袖、卷裤腿、歪戴帽子,不准在安检制服外罩便服、戴围巾。

⑥ 只能佩戴国家和上级部门统一制发的证章、证件和工号。

(2)安检人员要爱护和妥善保管安检制服以及各种安检标志,严禁将安检制服和标志变卖、擅自赠送或借给他人。

(3)男安检员不准染发、留长发、胡须、大鬓角;女安检员在工作期间不得披发过肩,不准戴奇异饰物。

(4)安检人员除安检场所或上级规定的特殊场所外,不得在公共场所穿着安检制服,各级安检机构领导对安检人员的仪容仪表负有纠察的责任。安检人员应自觉接受纠察,自觉维护安检队伍形象。

十一、文明检查制度

(1)安检人员应当自觉遵守职业道德规范,爱岗敬业,文明执勤。

(2)安检人员实施检查时应当遵守下列规定:

① 检查前不吃有异味食品、不喝酒,实施检查期间不吸烟、不吃零食、不嬉笑打闹。

② 尊重旅客的风俗习惯，对旅客的穿戴打扮不取笑、不评头论足，遇事不围观。

③ 态度和蔼，检查动作规范，不得推拉旅客。

④ 自觉使用安全检查文明执勤用语，热情有礼，不说服务忌语。

⑤ 爱护旅客的行李物品，检查时轻拿轻放，不乱翻、乱扔，检查完后主动协助旅客整理好被检物品。

⑥ 按章办事，耐心解释旅客问题，不得借故训斥、刁难旅客。

第三节　安检人员的队伍建设

一、安检职业基本要求

（1）职业名称：民航安全检查员。

（2）职业定义：对乘坐民用航空器的旅客及其行李，进入机场控制区的其他人员及其物品，空运货物、邮件实施安全检查的人员。

（3）职业等级划分：本职业共设五个等级，分别为五级民航安全检查员（初级技能）、四级民航安全检查员（中级技能）、三级民航安全检查员（高级技能）、二级民航安全检查员（技师）以及一级民航安全检查员（高级技师）。

（4）职业能力特征：具有较强的表达能力和观察、分析、判断能力；良好的空间感、形体知觉、嗅觉；手指、手臂灵活，动作协调；无残疾，无重听，无口吃，无色盲、色弱，矫正视力在5.0以上；男性身高在1.65米以上，女性身高在1.60米以上。无犯罪和不良记录。基本文化程度要求高中毕业（或同等学力）。

二、职业道德建设

安检职业道德规范，要在确保安全的前提下，以全心全意为人民服务和集体主义为道德原则，把"保证安全第一，改善服务工作，争取飞行正常"落实在安检人员的职业行为中,树立敬业、勤业、乐业的良好道德风尚。根据民航安检工作的行业特点,安检职业道德规范的基本内容有以下几条。

1. 爱岗敬业,忠于职守

爱岗敬业、忠于职守就是热爱本职工作,忠实地履行职业责任。要求安检人员对本职工作恪尽职守,诚实劳动;在任何时候任何情况下都能坚守岗位。

热爱本职、爱岗敬业是一种崇高的职业情感。所谓职业情感,就是人们对所从事的职业的好恶、倾慕或鄙夷的情绪和态度。爱岗敬业,就是职业工作者以正确的态度对待各种职业劳动,努力培养热爱自己所从事的职业的幸福感、荣誉感。爱岗敬业是为人民服务的基本要求。一个人,一旦爱上自己的职业,他的身心就会融合在职业活动中,就能在平凡的岗位,做出不平凡的事迹。

爱岗敬业、忠于职守是社会主义国家对每一个从业人员的起码要求。任何一种职业,都是社会主义建设和人民生活所不可缺少的,都是为人民服务、为社会作贡献的岗位。无论做什么工作,也无论你是否满意这一职业,定岗以后,都必须尽职尽责地做好本职工作,因为,任何一种职业都承担着一定的职业责任,只有每一个职业劳动者履行了职业责任,整个社会生活才能有条不紊地进行。因此,我们应当培养高度的职业责任感,以主人翁的态度对待自己的工作,从认识上、情感上、信念上、意志上,乃至习惯上养成"忠于职守"的自觉性。

爱岗敬业、忠于职守是安检人员最基本的职业道德,它有一些基本要求。一要忠实履行岗位职责,认真做好本职工作,安检人员要以忠诚于国家和人民为己任,认真履行自己的职业责任和职业义务。不论是查验证件,检查旅客人身和行李物品,还是监护飞机,都要做到兢兢业业,忠于职守。二要以主人翁的态度对待本职工作,树立事业心和责任感。每一名安检人员都是民航的主人,是民航事业发展的创造者。安检工作是民航整体的一个重要组成部分,大家要自觉摆正个人与民航的整体关系,树立民航发展我发展、民航兴旺我兴旺、民航安全我安全的整体观念,热情为民航腾飞献计,主动为空防安全分忧,自觉为安检岗位操心,牢记全心全意为人民服务的宗旨,一言一行向人民负责,为祖国争光。三要树立以苦为乐的幸福感。正确对待个人的物质利益和劳动报酬等问题。克服拜金主义、享乐主义和极端个人主义的倾向,乐于为安检作贡献。四要反对玩忽职守的渎职行为。安检人员在职业活动中是否尽职尽责,不仅直接关系到自身的利益,而且关系到国家和人民生命财产的安全。玩忽职守,渎职失责的行为,不仅会影响民航运输的正常活动,还会使公共财产、国家和人民利益遭受损失,严重的将构成渎职罪、玩忽职守罪、重大责任事故罪,会受到法律的制裁。

2. 钻研业务,提高技能

职业技能也可称为职业能力,是我们在职业活动中实现职业责任的能力手段。它包括实际操作能力、处理业务的能力、技术能力以及有关的理论知识等。

钻研业务、提高技能是安检职业道德规范的重要内容。掌握职业技能,是完成工作任务为人民服务的基本手段,不仅关系到个人能力大小、知识水平高低,也直接关系到安检工作质量和服务质量,关系到人民群众的切身利益。安检工作是一项政策性、专业性与技术性很强的工作。一方面,从安全检查的内容来看,安检工作包括验证、操机、设备维修等技术性工作;另一方面,从安全检查的对象来看,旅客携带的行李物品各种各样,有的是一般生活用品,有的则可能是武器,管制刀具,炸药,易燃易爆物品,传染性、腐蚀性物品,以及一些高科技产品如精密仪器等。如何准确无误地从各式各样的物品中查出危险物品和违禁物品,仅靠责任心是不够的,还需要有较强的业务技能。安检人员刻苦钻研业务知识、精通业务技能,已成为迫在眉睫的任务。

安检人员提高业务技能应下工夫抓好三个基本功的教育训练。一是系统的安检基础理论。如安检政策法规理论、防爆排爆基础理论、民航运输基础理论、飞机构造基础知识、电脑基础知识、法律基础知识、常用英语基础知识、心理学基础知识、外事知识、世界各国风土人情和礼节礼仪知识等。二是精湛的业务操作技能。无论是证件检查、X射线仪检查、人身检查,还是开箱检查、机器故障的检测维修、飞机监护与清查,实质上都是技术较密集型的岗位,每个安检人员应努力做到一专多能,技能上精益求精,人人成为合格的岗位技术能手。三是灵活的现场应急处置技能。安检现场是成千上万旅客流动的场所,各种情况复杂多变,意想不到的突发问题随时可见,提高现场灵活的处置能力显得更为重要。

3. 遵纪守法,严格检查

遵纪守法是指每个职业劳动者要遵守职业纪律与职业活动相关的法律、法规。严格检查、确保安全是安检人员的基本职责和行为准则。遵纪守法、严格检查有一些基本要求。一是要求安检人员在安检过程中,必须做到依法检查和按照规定的程序进行检查。《中华人民共和国民用航空法》和《中华人民共和国民用航空安全保卫条例》以及民航局有关空防工作的指令和规定,为安全检查提供了法律依据,也是安检工作步入法制化的新契机。每一位安检人员要克服盲目性和随意性,强化法律意识,吃透法律精神,严格依法实施安全检查,学会运用法律武器处理问题,依照法律办事。二是安检人员要自觉遵守党和国家的各项法律法规和政策规定,自觉学法用法守法,严格遵守外事纪律、保密纪律、安检岗位纪律,自觉过好权力关、金钱关、人情关,严禁参与社会上"六害"等不法行为活动,做遵纪守法的模范。三是在实施检查工作中,在执行每次任务中,每一道工序、每一个环节,安检人员都要做到一丝不苟,全神贯注,严把验证、人身检查、行李物品检查、飞机监护几道关口,各个关口要层层设防,层层把关,做到万无一失,把隐患消灭在地面上,让每一个航班平安起降。

4. 文明执勤,优质服务

文明执勤、优质服务是安检人员职业道德规范的重要内容,也是民航安检职业性质的具体体现,充分反映了"人民航空为人民"的宗旨。安全检查的根本任务,就是为人民服务,为旅客安全服务,我们应通过文明的执勤方法,优质的服务形式,来实现这个根本任务。要真正做到文明执勤,必须从以下三方面着手:一是文明执勤必须要端正服务态度,安检人员要以满腔热情对待工作,以主动、热情、诚恳周到、宽容耐心的服务态度对待旅客,反对冷漠、麻木、高傲、粗鲁、野蛮的恶劣态度;二是文明执勤必须要规范化服务,安检人员在执勤时仪容整洁、举止端庄、站有站相、坐有坐相,说话和气,想旅客所想、忧旅客所忧,树立起旅客至上、助人为乐的行业新风;三是必须摆正严格检查与文明服务的辩证统一关系,两者是互相紧密联系的整体，我们要用文明执勤姿态、文明执勤举止、文明执勤语言和行为，努力塑造民航安检的文明形象，赢得社会的信赖和支持。

5. 团结友爱，协作配合

团结友爱、协作配合是处理职业团体内部人与人之间、协作单位之间关系的职业道德规范，是社会主义职业道德集体主义原则的具体体现，是建立平等友爱互助协作新型人际关系、增强整体合力的重要保证。

对安全检查这一特定的职业来说，只有搞好个人与同志之间的团结协作，加强安检队伍与外部友邻单位的密切联系，促进纵向系统与横向系统的广泛交往，形成紧密联系、互相团结协作的纽带，空防安全才能建设成坚不可摧的钢铁防线。我们讲团结协作，不是无原则的团结，而是真诚的团结，按照社会主义职业道德规范要求，应划清几个界限：一是顾全大局与本位主义的界限，要反对本位主义不良倾向，不能遇事只从本位主义利益出发，而应站在全局利益和整体利益上认识和处理问题，这样才能求得真正的、长远的团结；二是集体主义与小团体主义的界限，表面上看小团体主义也是为了集体，但本质上与集体主义有着原则的区别，集体主义是国家、集体、个人三者利益的统一，小团体主义是不顾三者利益而只求单位团伙的狭隘利益，甚至牺牲别人利益而满足自己利益，是本位主义的延伸和发展；三是互相尊重协作与互相推诿扯皮的界限，互相尊重协作是团结的基础，建立在平等信任的关系之上，而互相推诿扯皮是典型的个人主义和自由主义的反映，只能分裂团结，造成大家离心离德；四是团结奋进与嫉贤妒能的界限，团结奋进不仅是个精神状态问题，而且是团结的最终目标，通过团结形成强有力的整体而不断开拓进取，相反，嫉贤妒能是涣散斗志、涣散团结的腐蚀剂，要坚决反对这种消极无为的现象，运用种种方式形成强有力的舆论力量加以制止。全体安检人员要紧密凝聚成坚强的集体，为祖国民航事业的腾飞、为国家繁荣昌盛而贡献力量。

三、心理素质建设

安全检查人员担负保证空防安全的重任，要时刻保持高度警惕，不但要具有高度的责任心和使命感，而且要善于从千千万万个乘机旅客和行李物品中发现疑点，其工作性质决定了安检人员承受着较大的风险性，因此要求安检人员必须具有较高的心理承受能力，沉稳老练，遇事不慌和良好的心理素质。

所谓安检人员的心理素质，这里主要讲在安全检查工作中，安检人员所应具备的心理活动和个性反映过程，不是专门对心理学进行研究，主要包括以下几个方面的内容：

1. 要有正确对待本职工作的心理

由于安检人员长年累月地处在空防把关的第一线，工作单调辛苦，要求严格，责任重大，所以安检人员的心理经常处于高度的紧张、焦虑状态，这就要求我们加强对安检人员的教育和关心，引导他们坚定信念，树立远大理想，增强敬业爱岗、全心全意为人民服务的自觉性，同时要加强业务学习和培训，不断提高检查水平和技能，用自己扎实的工作和过硬的业务技术来保证安全检查任务的圆满完成。

2. 要有正确对待旅客的心理

安全检查人员每天要和成千上万个中外籍旅客打交道，要通过检查一个个航班、一个个旅客和一件件行李去保证空防安全。安检工作人员要随时注意举止动作或语言，稍有不慎，都可能引起旅客的反感，甚至产生误会和造成不良影响。所以安检人员要加强个性锻炼，控制情感冲动，培养稳重老练的气质。一旦遇到旅客不支持配合，甚至误解安检工作，要坚持做到"旅客至上，耐心说服"，用自身良好的素养去赢得旅客的信任。

3. 要有周密细致的观察心理

安检人员要保证空防安全、万无一失，并且善于从成千上万的旅客和行李物品中发现疑点，除了凭自身的高度责任心、娴熟的业务技能和丰富的实践经验外，还应了解和研究一些心理学知识，特别是要重点研究犯罪心理学，通过周密细致的观察和询问，掌握劫、炸机分子和犯罪嫌疑人在经过安全检查时的动作、表情、言语及心理反应过程，把危及空防安全的隐患和苗头消除在地面。

4.要有勇敢果断处理突发事件的心理

作为空防把关的"空防卫士",安检人员时刻都处在对敌斗争的前线,面对安检现场发生复杂的紧急情况,为保证空防安全,要随时做好挺身而出、英勇献身的心理准备。一旦发生紧急情况要机智灵活、勇敢果断地按照上级指示命令和预案进行妥善处理,决不能心慌意乱,畏缩不前或临阵脱逃。

四、业务素质建设

安检人员的业务素质是指安检人员在实施安全检查的过程中,应具备的以政治、文化、心理、身体等素质为基础,由专业知识、专业技能两部分构成,综合展现和直接应用于安全检查业务的素质结构。

安全检查工作是一项涉及面广、技术性和业务性较强的工作。因此,安检人员不但要加强业务学习,熟练掌握检查技能,而且还要掌握相关的公安、航空、法律等方面的知识。

1.安全检查业务

(1)证件检查:熟记国际、国内各类有效身份证件的种类式样和特征,掌握各种查验和鉴别方法。

(2)人身检查:掌握人身检查的重点和重点部位以及检查的手段和方法。

(3)仪器检查:了解各种安检仪器性能,掌握一般使用操作和维修规程,熟悉和识别各类违禁物品在X射线仪荧光屏中的显示图像。

(4)开箱(包)检查:熟悉各类违禁物品的性能、危害和藏匿方法,掌握检查技能和处置方法。

(5)防爆知识:熟悉各类爆炸物品的分类、性能和危害,掌握检查识别和处置方法。

(6)飞机监护:掌握飞机的清舱技术和搜查重点,熟悉登机人员各种有效证件及查验方法,牢记监护职责及紧急情况处置方法和原则。

2.语言知识

(1)在安全检查工作中要讲普通话,避免使用方言土语。

(2)掌握一两门日常现场工作用外语(重点是英语和日语)。

(3)学习和了解一些地方语言以及少数民族用语。

3.航空知识

(1)了解我国航空事业发展的一般概况及历史沿革。

(2)掌握我国民航现在运营飞机的一般性能、特征及飞行常识,各航空公司和飞机的区别标志、基本情况及安全规程等。

(3)了解我国民航机构的设置以及各类管理体制构成和主要职能。

4.服务知识

(1)了解我国民航运输服务方面的有关政策法规和要求。

(2)强化服务意识,学习各种服务技能和礼仪知识。

(3)规范检查程序,使用文明用语,做到举止端庄、不卑不亢、彬彬有礼、落落大方,严禁使用服务忌语和方言土语。

(4)熟悉各航线、航班情况,掌握一定的中外地理和风土人情等涉外知识。

(5)具有较高的科学文化水平和丰富的社会知识。

5.相关公安业务知识

(1)了解民航公安、安全保卫部门的职能和业务范围。

(2)了解和掌握犯罪分子对民用航空安全构成威胁的情况,以及劫、炸机破坏的手段和特点。

(3)了解和研究犯罪心理学。

(4)熟悉各种枪械、弹药、爆炸品等物品的构成、性能及使用方法,了解紧急情况处置预案,掌握正确的制敌技能和方法。

6.法律知识

学习和掌握国际、国内保障航空安全的法规,对有关条款要重点把握,并在实际工作中能准确运用。如国际航空安全的三个公约,我国的《中华人民共和国宪法》《中华人民共和国刑法》《中华人民共和国刑事诉讼法》《中华人民共和国民用航空法》《中华人民共和国民用航空安全保卫条例》以及国家有关保证航空安全的规定。

练习题

1. 简述安检机构人力资源管理的内容。
2. 简述安检制度的概念和作用。
3. 安检管理制度有哪些?
4. 简述安检人员职业道德的基本要求。
5. 简述安检人员心理素质的要求。
6. 简述安检人员业务素质的要求。

参考文献

[1] 沈福荣等.《民用航空安全检查业务培训教材》，中国民航总局公安局，2000年版
[2] 《中华人民共和国刑法》，2015年
[3] 《中华人民共和国民用航空法》，1995年
[4] 《中华人民共和国居民身份证法》，2011年
[5] 《中华人民共和国治安管理处罚法》，2006年
[6] 《中华人民共和国民用航空安全保卫条例》，1996年
[7] 《中华人民共和国国家民用航空安全保卫规划》，2005年
[8] 《民用航空运输机场航空安全保卫规则》，2009年
[9] 《民用航空安全检查规则》，2016年
[10] 《民航安全检查员国家职业标准》，2015年
[11] 《机场安全管理体系建设指南》，2008年
[12] 《国际民用航空公约》附件17，2013年
[13] 《蒙特利尔公约》，1971年
[14] 《北京公约》，2010年
[15] 《北京议定书》，2010年
[16] 《上海浦东国际机场航空安全保卫方案》，2007年